KB213916

중세 독일 신비사상

Chung Dal-Yong

GERMAN MYSTICISM IN THE MIDDLE AGES

Copyright © 2007 Benedict Press, Waegwan, Korea

All rights reserved.

중세 독일 신비사상

2007년 3월 초판 | 2013년 6월 재쇄

지은이 · 정달용 | 펴낸이 · 박현동

ⓒ 분도출판사

등록 · 1962년 5월 7일 라15호

718-806 경북 칠곡군 왜관읍 왜관리 134의 1

왜관 본사 · 전화 054-970-2400 · 팩스 054-971-0179

서울 지사 · 전화 02-2266-3605 · 팩스 02-2271-3605

www.bundobook.co.kr

ISBN 978-89-419-0705-3 94230

ISBN 978-89-419-0151-8 (세트)

값 12,000원

• 신저작권법에 따라 보호를 받는 저작물이므로 무단 전재와 무단 복제를 금합니다.

신학 텍스트 총서 5.1

중세독일
신비사상

정달용

분도출판사

2

중세 독일 신비사상

서론

오늘날 신비사상神秘思想(Mystik)에 대한 저서들이 쏟아져 나오고 있다.[1]

신비사상은 근본적으로 '신에 대한 논증'을 시도하지 않는다. 그것은 무엇보다도 '신을 체험하는 것', '신과 하나가 되는 것'을 중시한다. 그리고 어떻게 하면 신과 하나가 될 수 있는가 하는 그 길을 제시하려 한다.

우리는 이 책에서 중세 독일 신비사상을 살펴보겠다.

그 중심 인물은 마이스터 엑카르트Meister Eckhart(1260~1328), 요한네스 타울러Johannes Tauler(1300~1361), 하인리히 소이세Heinrich Seuse(1295~1366)다.

독일 신비사상은 독일이 인류에게 남겨 준 가장 위대한 유산 중 하나다. 또한 그것은 서방 그리스도교가 남겨 준 가장 고귀한 유산 중 하나다.[2] 독일 신비사상은 마이스터 엑카르트, 요한네스 타울러, 하인리히 소이세에 이르러 전성기를 맞이한다.[3]

---

[1] 13쪽 참고문헌 참조.

이들은 독일 신비사상의 세 별das mystische Dreigestirn이다.[4]

중세 독일 신비사상은 결국 '신과 하나가 되는 것'을 문제 삼는다.

그에 이르는 '길'은, 인간이 '모든 사물'과 '자신'마저도 '놓아두고 있기', '버리고 떠나 있기'다. 그리고 인간의 '영혼 속에 신이 탄생하게 하는 것'이다. 그리하여 인간은 신과 하나가 된다.

우리는 여기서 독일 신비사상을 본격적으로 작업해 내려는 것이 아니다. 다만 이러한 독일 신비사상을 우선 일반적으로 소개해 보려 할 뿐이다. 이 책에서 우리는 마이스터 엑카르트를 중심으로 하여 요한네스 타울러, 하인리히 소이세의 생애와 저서를 소개한다.

중세 독일 신비사상은, 서양 신비사상의 기원이 되는 위偽디오니시우스 아레오파기타Ps. Dionysius Areopagita(5세기 후반~6세기 전반)와, 독일 신비사상의 기원이 되는 알베르투스 마뉴스Albertus Magnus(1200~1280)의 영향하에 있다. 그리고 이들의 사상은 신新플라톤 철학의 영향하에 있다.

우리는 먼저 위디오니시우스 아레오파기타와 알베르투스 마뉴스의 사상을 간단히 살펴보겠다.

그리고 난 후 마이스터 엑카르트, 요한네스 타울러, 하인리히 소이세의 생애와 저서들을 살펴보고, 마지막 '결론을 대신하여'에서 이들의 신비사상을 잠정적으로 특징지어 볼 것이다.

---

[2] Bernard McGinn, Preface, in: Henry Suso, *The Exemplar*, with two German Sermons, translated, edited, and introduced by Frank Tobin, Preface by Bernard McGinn, New York - Mahwah: Paulist Press 1989, 3.

[3] *ibid.*, 4.

[4] Walter Nigg, *Das mystische Dreigestirn. Meister Eckhart, Johannes Tauler, Heinrich Seuse*, Zürich - München 1988.

참고문헌

□ 총서

Mystik in Geschichte und Gegenwart, Texte und Untersuchungen, Abteilung I, Christliche Mystik, hrsg. von Margot SCHMIDT und Hermut RIEDLINGER, Stuttgart - Bad Cannstatt: Fromman-Holzboog 1985~.

Dokimion, Neue Schriftenreihe zur Freiburger Zeitschrift für Philosophie und Theologie, Freiburg/Schw.: Universitätsverlag 1971~.

□ 역사서

Kurt RUH, *Geschichte der abendländischen Mystik*, 4 Bde., München: C.H. Beck 1990~1999.

Bernard MCGINN, *The Presence of God, A History of Western Mysticism*, 4 vols, New York: Crossroad 1992~2005.

1
독일 신비사상의 기원

서양 신비사상의 기원

방대한 『서양 신비사상의 역사』를 출간한 쿠르트 루(1914~2002)는 위디오니
시우스 아레오파기타를 단적으로 '서양 그리스도교 신비사상의 원조'Erz-
vater abendländisch-christlicher Mystik[1]로 보았다. 그리하여 『서양 신비사상의 역
사』를 위디오니시우스에서 시작한다.[2]

　위디오니시우스는 바오로 사도의 직제자로 알려져 있다. 그는 아테네의
아레오파고 법정에서 바오로 사도의 설교를 듣고 개종한 사람(사도 17장)이
었다.[3]

---

　[1] Kurt Ruh, *Geschichte der abenländischen Mystik*, Bd. I, München: C.H. Beck 1990, 9;
이하 Ruh로 인용.

　[2] *ibid.*, Kap. 1, 31-82; Andrew Louth, *The Origins of The Christian Mystical Tradition*,
From Plato to Denys, Oxford: Oxford University Press 1981, 159 (배성옥 옮김 『서양 신비
사상의 기원 ― 플라톤에서 디오니시우스까지』 분도출판사 2001, 231): "교부 시대의 신비신
학은 디오니시우스와 더불어 그 발전 과정을 마감한다. 교부들이 이루어 놓은 신비신학의 주
요 노선이 디오니시우스와 더불어 모두 완성되었기 때문이다."

　[3] Andrew Louth, *op. cit.*, 160; 배성옥, 233.

그의 『디오니시우스 전집』Corpus Dionysiacum은 '사도적 교부'使徒的敎父의
저서로 대접받았다.

그러나 연구 결과 디오니시우스 아레오파기타가 5세기 후반에서 6세기
전반에 살았던 시리아(소아시아) 출신의 동방 교부였다는 사실이 밝혀졌다.[4]
그리하여 오늘날 사람들은, 그의 이름 앞에 '위'僞(Pseudo, 약자 Ps.)라는 글자
를 붙여, '위디오니시우스 아레오파기타'Ps. Dionysius Areopagita라고 부른다.
우리가 '잘못 알고'(Ps.) 디오니시우스를 '아레오파고 사람'Areopagita이라고
부르고 있다는 뜻이다.

위디오니시우스의 생애에 대해서는 알려진 바가 거의 없다. 그는 소아
시아의 시리아 출신으로 5~6세기에 걸쳐서 살았고, 그리스어로 저서를 남
긴 동방 교부라는 사실이 우리가 아는 모두다.[5]

그의 저서로 전해 오는 『디오니시우스 전집』에는 『신명론』神名論(De divi-
nis nominibus), 『신비신학』神秘神學(De mystica theologia), 『천계론』天階論(De cae-
lesti hierarchia), 『교계론』敎階論(De ecclesiastica hierarchia) 그리고 열 개의 편지
로 된 『서간집』書簡集이 수록되어 있다.[6]

위디오니시우스의 사상은 신플라톤 철학의 노선, 즉 플로티누스Plotinus
(205~270)와 프로클로스Proklos(410~485) 철학의 연장선상에 있다.[7] 여기서는
먼저 플로티누스와 프로클로스의 철학을 간단히 살펴보겠다.

그리고 나서 위디오니시우스의 긍정신학(Theologia positiva)과 부정신학
(Theologia negativa)을 살펴보고, 이어서 그의 신비신학(Theologia mystica)을 살
펴볼 것이다.

---

[4] Ruh, I, 33.　　　　　[5] *ibid.*

[6] 32쪽 참고문헌 참조.　　[7] Ruh, I, 33.

1. 플로티누스

플로티누스는 54개의 논고(Tractatus)를 남겼다. 그의 제자 포르피리우스Por-
phyrius(232~304)는 그것을 아홉 개씩 묶어 여섯 권으로 출간했다(Ennead I, The
Life of Plotinus, 24). 이것이 '엔네아데'Enneade라 일컬어지는 『플로티누스 전
집』이다.[8]

1.1 범주

아리스토텔레스Aristoteles(BC 384~322)는 『범주론』範疇論(Categoriae)과 『토피
카』Topica에서 열 개의 범주들을 내세운다.

그것은 '실체'(οὐσία; substantia), '양'(πόσον; quantitas), '질'(ποῖον; qualitas), '관
계'(πρό; relatio), '장소'(ποῦ; ubi), '시간'(ποτέ; quando), '상태'(πεῖ; situs), '자격을
갖춤'(ἔχειν; habitus), '능동'(ποιεῖν; actio), '수동'(πάσχειν; passio)이다.[9]

플로티누스는 『엔네아데』 제6권 제1 논고에서 아리스토텔레스의 열 개
범주들을 하나씩 검토 · 비판하면서, 플라톤Platon(BC 428~348)의 다섯 범주
들(Sophistes, 254 b-e)을 그대로 받아들이고 있다.[10] 그것은 '존재자'(ὄν), '정지'
(στάσις), '운동'(κίνησις), '동일한 것'(ταὐτοτὸν), '상이한 것'(ἕτερον)이다.[11]

---

[8] R. Harder, *Plotins Schriften*, Neubearbeitung mit griechischem Lesetest und Anmerkun-
gen fortgeführt von R. Beutler und W. Theiler, Hamburg: Felix Meiner 1956~1971; A.H.
Armstrong (ed.), *Plotinus*, 7 vols., Cambridge, Mass.: Harvard University Press 1966~1988;
이하 Plotinus, '권수', '논고(論考) 번호', '장'(章)으로 인용.
　연구서: Armstrong, A.H., Plotinus, in: *The Cambridge History of Later Greek and Early
Medieval Philosophy*, ed. by A.H. Armstrong, Cambridge University Press 1970; Lloyd P.
Gerson, *Plotinus,* London - New York: Routledge 1994; Lloid P. Gerson (ed.), *The Cambri-
dge Companion to Plotinus*, Cambridge University Press 1996.

[9] Aristoteles, *Topica*, I, cap.9, 103b 20ff; *De categoriis*, cap.4-9, 1b 25ff.

[10] Plotinus, VI, 1, 1-24.　　　　[11] *ibid.*, VI, 2, 8.

플로티누스는 아리스토텔레스의 열 개 범주는 '볼 수 있는 세계'(mundus sensibilis)에만 적용시킬 수 있을 뿐, '생각할 수 있는 세계'(mundus intelligibilis)에는 적용시킬 수 없다고 보았기 때문이다.[12]

1.2 '하나'에서 '하강'

"내가 육체로부터 벗어나 나 자신에게로 일깨워질 때마다, 그리고 다른 모든 것을 떠나 나 자신 속으로 들어설 때마다, 나는 놀라울 정도의 아름다움을 본다. 그 순간 나는, 내가 더 높은 영역에 속해 있다고 확신하게 된다. 나는 최상의 삶을 실현한다. 나는 신적인 것과 하나가 된다."

"신적인 것 속에서 체류한 후 밑으로 내려올 때마다 나는 묻는다. 어떻게 해서 지금 같은 이러한 하강下降이 가능한가? 어떻게 해서 내 영혼(ψυχή)이 육체 속으로 들어오게 되었는가? 있던 그대로의 자신이, 방금 내가 보았던 그 영혼이, 어떻게 육체 속에 들어오게 되었는가?"[13]

"한편으로 개별 영혼은 자신의 근원으로 향하는 정신적 충동을 자기 속에 가지고 있다. 다른 한편으로 그것은 더 낮은 세계로 향하는 힘을 가지고 있다."

"개별 영혼이 보편 영혼이 가지는 전체적인 것에서 떨어져 나와, 부분적인 것, 즉 자기 자신에게로 향하게 되면, 개별 영혼은 개별적인 것이 되어 버린다. 개별 영혼이 다시 자기를 정신적 세계로 향하게 되면, 개별 영혼은 육체의 속박으로부터 벗어나 위로 향하게 된다."[14]

"우리 영혼은, 전부가 감각적 세계로 하강해 버린 것이 아니라, 그 한 부분이 정신적 세계에 머물러 있다. 다만 대부분의 경우, 감각적 세계에 머

---

[12] *ibid.*, VI, 3, 1-2.　　[13] VI, 8, 1.　　[14] VI, 8, 4.

물고 있는 영혼의 더 낮은 부분이 주도권을 쥐고 있다. 그리하여 영혼의 더 높은 부분이 명상하고 있는 것을 의식하지 못하도록 그것이 방해하고 있다. 밑에 있는 육체 속으로 내려온 영혼은, 위에 있는 정신의 한 조각을 자기 속에 지니고 있다. 그리하여 영혼은 낮은 세계를 넘어서 있는 높은 세계를 자기 속에 지니고 있다. 다만 이러한 영혼은, 감각에 매료되어 자기 본성에 어긋나는 사물들에 매달려 있다.”[15]

“무엇이 영혼으로 하여금 자기 ‘아버지’, 즉 ‘신’을 잊도록 했는가? 그 자신이 더 높은 세계의 한 부분이며 전적으로 ‘저것’에 속해 있는데도 불구하고, 무엇이 영혼으로 하여금 ‘자신’과 ‘저것’을 잊도록 했는가? 그는 자기가 자신에게 속하고자 했다. 그는 독립하고자 했다. 그리하여 그는 가능한 한 멀리 떠나 버렸다. 그 결과, 그는 이제 자기가 거기에서 온 그 세계를 잊고 말았다. 이것은, 마치 어린아이가 태어나자마자 부모로부터 멀리 떨어져 다른 곳에서 자라난 것과 같다. 그리하여 그가 자신을 모를 뿐 아니라, 자기 부모를 모르는 것과 같다.”

“영혼은 이제 더 이상 ‘자신’과 ‘저것’을 보지 못하기 때문에, ‘자신’을 낮게 평가하고 오히려 ‘다른 것’을 높이 평가하게 되었다. 그리하여 영혼은 이 ‘다른 것’을 보면서 놀라워한다. 그리고 이 ‘다른 것’에 마음을 사로잡힌 채 이 ‘다른 것’에 매달리게 되었다.”[16]

“영혼이 자신의 참된 모습을 보기 위해서는 이렇게 해야 한다. (밖에 있는 다른 사물들을 떠나) 너 자신 안으로 들어가라. 그리고 너 자신을 바라보라. 네가 아직도 아름답지 않다는 사실을 발견하거든 조각가가 하듯이 하라. 조각가는 하나의 像을 만들면서 여기 이 부분을 쪼아 내고 저기 저

---

[15] VI, 8, 8.   [16] V, 1,1.

부분을 깎아 낸다. 여기 이 부분을 닦아 내고 저기 저 부분에 광택을 낸다. 그는, 상에 아름다운 모습이 드러날 때까지, 그러한 작업을 계속한다."

"이와 같이 너도 너로부터 군더더기를 쪼아 내라. 굽은 것을 바르게 만들어라. 어두운 것을 밝게 만들어라. 네가 네 상을 완성할 때까지 그 작업을 계속하라. 그리하면, 너는 순수하고 참된 빛이 될 것이다."[17]

"'하나'(一者, τὸ ἕν)는 '모든 것'이다. 또한 '저것'은 '그 어느 것'도 아니다. 왜냐하면 '모든 것'의 시원始原(ἀρχή)인 '저것'은 '모든 것'이 아니기 때문이다. 오히려 '모든 것'은 '저것'으로부터 나오기 때문이다. 그러나 '모든 것'이 그로부터 나올 수 있기 위해서 '저것 자체'는 '아무것도 아니'어야 한다. '저것'은 '완전한 것'(τέλειον)이어서 아무것도 추구하지 않고, 아무것도 가지지 않고, 아무것도 필요로 하지 않는다."[18]

1.3 '하나'로의 '상승'

"모든 존재자는 '하나'를 통해서 비로소 '존재자'가 된다. 이러한 '하나'는 형태가 없고 무한하다. 따라서 우리는 '하나'를 전혀 이해할 수 없다."[19]

"그러나 스스로 그것을 본 사람은 누구나 내가 하는 말을 알아들을 것이다. 영혼이 '저 높은 것'에 점점 가까이 다가가 '저 높은 것'의 한몫을 차지하게 되면, 그는 '새 삶'을 누리게 된다. 그리하여 '그것'이 아닌 다른 모든 것을 '버리고 떠나게' 된다. 그는 '그것' 속에 '고요히 머물러 있게' 된다."[20]

"여기서 '보는 것'과 '보는 자'는 더 이상 이성理性(Vernunft)이 아니다. 그것은 이성보다 '더 큰 것'이다. 이성 '이전의 것'이며, 이성을 '넘어선 것'이다. '보는 자'는 '저 높은 것'과 하나 된 자신을 발견한다. 여기서 '보여지는

---

[17] I, 6,9.

[18] V, 2,1.

[19] VI, 9,1-3.

[20] VI, 9,9.

것'은 더 이상 '보는 자'의 '자신'이 아니라 '더 높은 세계'와 '저 높은 것'에 속한 자신을 발견한다. 그리하여 그는 '하나'가 된다. 마치 '한 원의 중심'이 '다른 원의 중심'과 만나듯이 말이다."[21]

"신들의 삶과 신적이고 행복한 사람들의 삶은 여기 밑에 있는 '이 세계의 모든 것을 버리고 떠나 있는'(ἀπαλλαγή) 삶이다."

"고요한 곳으로 '피해 가서 사는'(φυγή) 그러한 삶이다."[22]

"신들의 삶과 신적이고 행복한 사람들의 삶을 살아가기 위해서는 모든 것을 버리고 떠나야 한다. 버리고 떠나라, 모든 것을!(ἄφελε πάντα!)."[23]

2. 프로클로스

신플라톤 철학의 전개 과정은 두 개의 기본 주제가 주도했다.

첫째, '하나'는 지식을 넘어서 있다.

둘째, '하나'는 세계를 생겨나게 한다. 이 세계는 '하나'로 되돌아간다.

이러한 두 개의 기본 주제는 신플라톤 철학으로 하여금 철학하게 만드는 '압도적인 주관적 동기'의 토대가 된다. 그 '압도적인 주관적 동기'란 바로 "개별 영혼이 그 근원과 하나가 된다"는 것이다.[24]

'근원'이 지식을 넘어서고 있기 때문에 신플라톤 철학은 '신비적'이 될 수밖에 없다. 영혼이 그 근원을 찾고 있는 측면에서 본다면, 그것은 '신비적 일치'다. 이것은 주관적 측면이다.

---

[21] VI, 9,10.   [22] VI, 9, 11.

[23] V, 3, 17.

[24] James M.P. Lowry, *The Logical Principles of Proclus' ΣΤΟΙΧΕΙΩΣΙΣ ΘΕΟΛΟΓΙΚΗ as Systematic Ground of the Cosmos*, Amsterdam: Editions Rodopi N.V. 1980, 14.

객관적 측면(일자가 세계를 생겨나게 하는 측면)에서 본다면, 그것은 영혼이 어떻게 한때 원리(근원) 속에 있었고, 그로부터 분리되어 나왔으며, 그러고 난 후 어떻게 그것과 다시 하나가 되는가 하는 문제다.[25]

프로클로스는 이와 같이 고대 그리스 종교와 그 철학을 조화시켰다.[26] 프로클로스는 『신학요강』神學要綱(Elementa theologicae)[27]에서 바로 이런 작업을 했다.

프로클로스의 철학은 '존재'(ὄν), '생명'(ζωή), '정신'(νοῦς)이라는 삼중 개념 triad을 제시한다. '하나'의 구조가 '체류'(μονή), '출발'(πρόοδος), '귀환'(ἐπισ-τροφή)으로 되어 있다는 사실을 보여 준다.

프로클로스의 철학은 일반적으로는 그리스 철학의 역사를, 개별적으로는 신플라톤 철학의 역사를 완성한다.[28]

오랜 세월 신플라톤 철학 연구에 몰두하여 현재 프로클로스의 『신학요강』을 독일어로 번역하고 있는 베르너 바이어발테스는 그의 프로클로스 연구를 이렇게 마무리한다.

"프로클로스에 의하면 철학함의 목표는 존재하는 모든 것의 토대이며 근원인 '하나'로의 귀환이다. 그에 의하면 인간의 일생이란 바로 '하나'를 보는 훈련이다"(in Parm. 1015, 38-40).[29]

동방 비잔틴 세계에는 프로클로스가 일찍부터 알려져 있었다. 그 후 그의 저서들은 시리아어, 아랍어, 아르메니아어로 번역되었다. 그러나 프로

[25] ibid.   [26] ibid., 24.

[27] Proclus, The Elements of Theology, A Revised Text with Translation, Introduction, and Commentary by E.R. Dodds. Oxford: Clarendon Press 1963(²2004).

[28] James M.P. Lowly, op. cot., 87.

[29] Werner Beierwaltes, Proklos, Grundzüge seiner Metaphysik, Frankfurt/M. 1965(²1976), 382.

클로스의 철학은 동방에서보다 서방 라틴 세계에서 훨씬 큰 영향력을 발휘했다. 그것은 9세기에 이르러 프로클로스의 영향을 받은 위디오니시우스 아레오파기타의 저서들이 서방에 번역·소개되면서부터였다.[30]

더 나아가 12세기(1167)에 이르러 서방에 『원인론』原因論(Liber de causis)이 소개되었다. 이 책은 프로클로스의 『신학요강』을 9세기에 아랍어로 발췌·번역한 것이다. 이 아랍어 발췌·번역본이 라틴어로 재번역되면서 『원인론』이라는 제명題名을 얻었다. 당시 이 책은 아리스토텔레스의 저서로 통용되고 있었다.[31]

3. 위디오니시우스

3.1 긍정신학과 부정신학

위디오니시우스의 『신명론』[32]은 신론神論이다. 그리고 이 신론의 정점을 이루는 것이 『신비신학』[33]이다.

위디오니시우스에 의하면 신 인식에는 두 길이 있다. '긍정의 길'과 '부정의 길'이 그것이다.

"우리가 높이 올라가면 갈수록 말수가 적어진다. 우리가 더 높이 올라가서 어둠(γνόφος)에까지 이르고 나면 말수가 적어지는 것이 아니라, 아예 말이 없어지고 만다. 그러나 우리가 '더 높은 곳'에서 '더 낮은 곳'으로 내려올수록, 말이 많아지고 개념이 다양해진다. 그리하여 '더 낮은 곳'에서 '더 높

---

[30] James M.P. Lowly, *op. cit.*, 2.

[31] *ibid.*, 3.

[32] Ps. Dionysius Areopagita, *De divinis nominibus*; 이하 *DN*으로 인용.

[33] Ps. Dionysius Areopagita, *De mystica theologia*; 이하 *MTh*로 인용.

은 곳으로 올라갈수록 말이 움츠러들고, 끝에 가서는 '말할 수 없는 것'에 이르고 만다.[34]

정신이 내려오는 길, 그것이 '긍정신학의 길'이다.

정신이 올라가는 길, 그것이 '부정신학의 길'이다.

여기서 우리는 신플라톤 철학의 전형적인 모델, '하나'로부터 '여럿'으로의 '출발'과 '여럿'으로부터 '하나'로의 '귀환'을 얻어 만난다. 이 모델은 플로티누스가 처음으로 제시했고, 그 후 얌부리코스(240/45~325)를 거쳐 프로클로스에 이르기까지 발전해 간다.[35]

『신명론』에서 위디오니시우스는 성경과 신플라톤 철학의 개념들에 의존하여, 다양한 '명칭'과 '상징'을 신에게 적용하고 있다.

그는 신을 우선 '선'善이라 하고, 이어서 '존재'(V장), '생명'(VI장), '지혜'(VII장)라 한다. 이것이 프로클로스의 삼중 개념이다.

그는 신을 동시에 '동일한 것'과 '상이한 것', '운동'과 '정지'(IX)라 한다.

여기에 플로티누스가 말하는 범주의 흔적이 보인다.[36]

그에 따르면, 신은 이 '시간'과 '영원'을 넘어서 있으며(X), '거룩한 것 중의 거룩한 것'das Allerheiligste이요, '왕 중의 왕'König der Könige, '신 중의 신' Gott der Götter(XII장)이다.

끝으로 그는 신을 '일자'(XIII장)라고 말한다. 여기서도 플로티누스의 '하나'가 드러나 있다.[37]

이들 '이름' 중에서 몇 개를 골라내어 좀 더 상세히 살펴보자.

위디오니시우스에 의하면 '선'이 신의 본질이다. 모든 존재자가 존재하는 것은 이 '선'을 통해서다.

---

[34] *MTh* III (1033B-C); Ruh I, 45.　　[35] Ruh, I, 45.

[36] *ibid.*, 46.　　[37] *ibid.*

"첫째, 순수한 정신 존재(천사)는 신의 선성善性으로 말미암아 존재하고 (존재) 살아 있으며(생명) 생각한다(지혜).

둘째, 정신 존재와 물질 존재가 섞여 있는 생명체(인간) 역시 신의 선성으로 말미암아 존재하고 살아 있다.

셋째, 단순한 물질 존재(사물) 또한 신의 선성으로 말미암아 존재한다."

"이 모든 것(천사·생명체·사물)은 신의 선성으로 말미암아 비로소 존재하고 신의 선성을 향해 나아가고 있다."[38]

"선성은 스스로는 있지 않다(ἀνούσιον). 그러면서도 모든 있는 것을 뛰어넘고 있다. 선성은 그 스스로는 살아 있지 않다. 그러면서도 모든 살아 있는 것을 뛰어넘고 있다. 선성은 그 스스로는 생각하지 않는다. 그러면서도 모든 생각하는 것(정신 존재)을 뛰어넘고 있다."

"이처럼 신의 선성은 스스로는 어떤 형태도 가지고 있지 않으면서 모든 것(있는 것·살아 있는 것·생각하는 것)에게 형태를 부여해 준다. 모든 것은 나름대로 모든 것을 넘어서서 저편에 있는 이 선성을 향해 나아가고 있다."[39]

선성이 하나의 '아니 있는 것' 그리고 동시에 '넘어서 있는 것'이면서도 모든 '있는 것이 있게 한다'는 이 규정이, 위디오니시우스가 내리는 신의 정의定義다. 따라서 신의 이름(神名)들은 결국 신의 속성이 아니라, 바로 그 본질들이다. 위디오니시우스 스스로도 말한다.

"좋은 것(善), 있는 것(存在), 살아 있는 것(生命), 생각하는 것(智慧)이 각각 따로 있는 게 아니다. 오히려 이 모든 것은 좋은 것으로부터의 '출발'을 말한다. 이 모든 것은 단 하나의 신의 이름이다."[40]

---

[38] *DN* IV, 2 (696D); Ruh I, 47.

[39] *DN* IV, 2 (697A); Ruh I, 47.

[40] *DN* V, 2 (816C-D); Ruh I, 47.

위디오니시우스에 의하면 신은 '하나'다.

"신은 '하나'다. 그것은 '모든 것의 원인'이다. 그 '하나'에 몫을 차지하지 않는 것은 하나도 없다. 그렇게 몫을 차지하고 있는 한 어떤 것이 비로소 '있는 것'이 된다. 그러나 이 '하나'는 '여럿' 중 하나가 아니다. 그 '여럿' 이전에 그리고 '여럿'을 넘어서서 '있다'. 이 '하나'는 '모든 것'을 하나로 통합한 형태로 자기 속에 미리 가지고 있다. 그리고 모든 것을 '있도록' 한다."

"따라서 이 '하나'는 '모든 것의 원인'이다."

"모든 것은

이 '하나'로부터

이 '하나' 속에서

이 '하나'를 향해서

있다"(980B-C).[41]

위디오니시우스의 다양한 신명은 끝에 가서 '하나'에 이른다. 이 점에서 위디오니시우스는 프로클로스의 영향을 받은 것이 틀림없다.[42]

위디오니시우스는 『신명론』에서 신에 대하여 주로 '긍정적으로' 서술한다. 그럼에도 여기서 이미 '존재를 넘어서', '숨어 있는 신'에 대해서 '부정적으로' 말하고 있다. 그리하여 우리는 신에 대해서 '말해 낼 수 없고', 인식해 낼 수 없다'고 한다.

신은 '존재를 넘어서', '존재의 건너편에' 있다.[43]

위디오니시우스의 부정신학은 『신비신학』 제5장[44]에서 정점을 이룬다.

---

[41] *DN* XIII (980B-C); Ruh I, 49.

[42] Ruh I, 50.

[43] *DN* I, 1 (588A); Ruh I, 51.

[44] *MTh* V; Ruh I, 51-2.

여기서는 '아니'(οὐδέν)라는 말마디의 긴 행진이 등장한다.

모든 것의 원인인 신,

그는

영혼도 아니다. 정신도 아니다.

빛도 아니다.

큰 것도 아니다. 작은 것도 아니다.

같은 것도 아니다. 다른 것도 아니다.

서 있는 것도 아니다. 움직이는 것도 아니다.

존재도 아니다. 생명도 아니다.

지식도 아니다. 지혜도 아니다.

하나도 아니다. 하나인 것도 아니다.

신적인 것도 아니다. 선성도 아니다.

영성靈性도 아니다. 자성子性도 아니다. 부성父性도 아니다.

그에 대한 말도 없다. 이름도 없다. 지식도 없다.

우리는 그에게

어떤 것을 긍정할 수도 없고, 부정도 할 수 없다.

3.2 신비신학

『신비신학』은 '기도'로 시작된다:[45]

존재를 넘어서 있는, 신을 넘어서 있는, 선을 넘어서 있는 삼위일체여, 인식을 넘어서 있는, 빛을 넘어서 있는, 저 신비의 정상으로 우리를 이끌어 주소서.

---

[45] *MTh* I; Ruh I, 54.

거기에는 순수·절대·불변의 신비가 빛을 넘어선 어둠 속에, 침묵 속에 잠긴 채 감추어져 있다.

이것이 우리가 '신비적'이라고 말하는 것의 핵심이다.

위디오니시우스는 '시나이 산의 모세'(탈출 19장)를 자기 신비사상의 모델로 택한다.

모세는 우선 자신을 정화淨化했다. 정화가 끝나자, 그는 울려 퍼지는 나팔소리를 듣고 휘황찬란한 빛을 보았다. 그 후 모세는 사람을 떠나 거룩한 산꼭대기에 다다른다. 모세는 여기서 '보이는'과 '보는 사람'을 떠나, '무지의 암흑' 속으로 들어갔다. 그리고 이 '암흑' 속에서, 모든 지식을 떠난 '무지' 속에서, '전적으로 알 수 없는 것', 그것과 하나가 되었다.[46]

그것은 '보이지 않는 것'을 통해서 '보이는 것을 넘어서 있는 것', 그것을 '보는 것'을 말한다. 그것은 '인식되지 않는 것'을 통해서 '인식되는 것을 넘어서 있는 것', 그것을 '인식하는 것'을 말한다.[47] 위디오니시우스에 의하면, 신에 대한 인식과 경험은 '어둠 속에서'(κατὰ τὸν γνόφον, in caligine) 이루어진다.

시나이 산을 오르는 모세를 보면, '정화'(Reinigung)에 이어 '조명'照明(Erleuchtung)이 따르고, 그다음 '완성'(Vollendung)이 온다. 마지막으로 그는 '신비적 암흑' 속으로 들어간다. 따라서 위디오니시우스에 의하면 '단계적 신화神化'(θέωσις)와 '신비적 암흑과의 일치'(ἕνωσις)는 동일한 것이다.[48]

위디오니시우스의 신비신학은 '긍정신학의 부정'이며 동시에 '부정신학의 부정'이다. 즉, '부정의 부정'이다. 그리하여 그의 신비신학은 긍정신학

---

[46] *MTh* I, 3 (1000C-1001A); Ruh I, 61.

[47] *MTh* II (1025A).

[48] Ruh I, 64.

이 말하는 것과 '같은 것을 말하는 게 아니다'(non-idem).[49] 그러나 '다른 것을 말하는 것도 아니다'(non-aliud).

'빛을 넘어서는 어둠'은 위디오니시우스 신비신학의 정점을 이룬다.

'신적 암흑' 그리고 그 속에서 '신과 하나가 된다'는 사상은 줄곧 신플라톤 철학과의 관계, 탈출기(19-20장; 33장)와 그에 대한 니사의 그레고리우스의 『모세의 생애』와의 관계, 나아가서 바오로 사도의 신비체험(2코린 12)과 그의 가르침(갈라 2,20)과의 관계 속에서 논의된다.[50]

『디오니시우스 전집』은 서양 중세 신비사상에 지대한 영향을 끼친다.

3.3 서양과 『디오니시우스 전집』

827년 9월, 당시 꽁피에뉴에 있던 경건왕 루드비히Ludwig의 궁전에 비잔틴 황제 미카엘Michael 2세의 사절단이 도착했다.

그들은 값진 장식으로 꾸민 그리스어 수사본 『디오니시우스 전집』을 선물로 가져왔다(이것은 지금 'Codex graecus 437'이라는 이름으로 파리의 프랑스 국립도서관에 보존되어 있다).[51]

이 『디오니시우스 전집』을 바로 생 드니(성 디오니시오) 수도원 원장 힐두인Hilduin에게 보냈다. 힐두인 원장은 832~835년에 디오니시우스의 저서들을 라틴말로 번역하게 했다. 이 일이 위디오니시우스의 사상을 서양에 퍼뜨리는 결정적인 출발점이 되었다.[52]

30여 년 후, 그러니까 860년경에 당시 대머리 왕 칼Karl의 궁정학교에서 가르치던 요한네스 에리우게나Johannes Eriugena(810~877)가 왕의 위촉을 받아 새로운 『디오니시우스 전집』 번역판을 내놓았다. 에리우게나는 『디오

---

[49] Ruh I, 65.   [50] Ruh I, 66-7.

[51] Ruh I, 74.   [52] Ruh I, 74-5.

니시우스 전집』을 대본으로 힐두인의 번역판을 참조했다. 1166~1167년에는 사라센인 요한Johannes Sarracenus이 다시 새로운 『디오니시우스 전집』 번역판을 내놓았다. 그의 이 새 번역판은 점차 에리우게나의 번역판을 대신하게 되었다.[53]

알베르투스 마뉴스는 『천계론 주해서』天階論註解書와 (부분적으로) 『교계론 주해서』教階論註解書에서 에리우게나의 번역판을 사용하고, 『신명론과 신비신학 주해서』에서는 사라센인 요한의 번역판을 사용했다.

토마스 아퀴나스Thomas Aquinas(1225~1274)는 『디오니시우스 주해서』에서 주로 사라센인 요한의 번역판을 사용했다. 마이스터 엑카르트의 디오니시우스 인용에도 사라센인 요한의 번역판이 사용되었다.[54]

여러 사본들 중에서 현재 프랑스 국립도서관에 분류 · 보존되어 있는 『디오니시우스 전집』의 라틴어 사본(Codex Latina 17341)이 유명하다. 이 사본은 파리 대학 교수였던 제라르Gerard a'Abbeville(†1272)가 당시 파리의 생자크Saint Jacques 수도원에 기증한 것이다.

참고문헌

Pseudo-Dionysius, The Complete Works, translated by Colm LUIBHEID, Foreword, Notes, and Translation Collaboration by Paul ROREM, Preface by Rene RO-QUES, Introductions by Jaroslav PELIKAN, Jean LECLERCQ, and Karlfried FROEH-LICH, New York - Mahwah: Paulist Press 1987.

---

[53] Ruh I, 75-8.

[54] Ruh I, 78-9.

Ps. Dionysius Areopagita, *The Divine Names and Mystical Theology*, translated from the Greek with an Introductory Study by John D. Johnes, Milwaukee, Wisconsin: Marquette University Press 1980.

□ 연구서

Andrew Louth, *Denys the Areopagite*, London - New York: Continuum 1989, ²2001.

Paul Rorem, *Pseudo-Dionysius*, A Commentary on the Texts and an Introduction to Their Influence, New York - Oxford: Oxford University Press 1993.

②

독일 신비사상의 기원

1248년 도미니코 수도회(1216년 설립)는 독일의 쾰른에 '수도회 대학'(Studium generale)을 창립했다. 이것은 전 독일어권에서 하나의 커다란 사건이었다.[55]

첫째, 당시 독일어권에는 단 하나의 대학도 없었기 때문이다.[56]

둘째, 서양 중세철학에 있어서 하나의 고유한 노선, 즉 '중세 독일철학'이라는 철학적 노선이 바로 이 쾰른의 수도회 대학에서 싹터 나오기 때문이다.[57]

---

[55] Loris Sturlese, *Die deutsche Philosophie im Mittelalter, Von Bonifatius bis zu Albert dem Großen (748-1280)*, München 1993, 324[이 저서의 원저(原著)는 이탈리아어 판, *Storia della filosofia tedesca nel medioevo*, Firenze 1990이다. 저자는 독일어 판을 내면서, 번역자 Johanna Baumann과 함께 원저를 대폭 수정 보완했다. 따라서 이 독일어 판은 원저의 수정 증보판인 셈이다].

[56] 독일어권 최초의 정식 대학(Universität)은 이보다 100년 후인 1348년에 설립된 프라하 대학이다[당시 프라하는 독일어권에 속해 있었다]. 이어서 1365년에 빈 대학, 1386년에 하이델베르크 대학 그리고 1388년에는 쾰른에도 정식 대학이 설립되었다.

[57] Loris Sturlese, *op. cit.*, 326.

1217년, 도미니코 수도회는 최초의 수도회 대학[58]을 파리에 설립했다. 그러나 이 파리의 수도회 대학이 점점 불어나는 학생들을 모두 수용할 수 없게 되자 도미니코회는 1248년 네 개의 수도회 대학을 새로 설립하기로 결정했다. 그것은 기존의 일반대학과 연결이 가능한 이탈리아의 볼로냐, 프랑스의 몽펠리에, 영국의 옥스퍼드였다.

쾰른에는 일반대학이 없었기 때문에 관례에 따를 수 없었다. 그럼에도 불구하고 도미니코회가 이때 쾰른에 수도회 대학을 설립한 것은 독일어권의 학생들을 배려했기 때문이었다.[59]

쾰른의 수도회 대학은 파리 대학에 맞서 중세 독일철학이라는 고유한 노선을 개척한다.

이러한 철학 노선에 초석을 놓아 철학사에 하나의 커다란 족적을 남긴 사람이 바로 알베르투스 마뉴스다.[60]

『알베르투스 마뉴스 전집』은 현재 그 비판본이 간행 중이다.[61]

1248년에 이르기까지 알베르투스는 여러 수도원의 강사Konventlector와 파리 대학 교수Universitätslector로서 성경과 페트루스 롬바르두스Petrus Lombardus의 『명제집』命題集을 강의하면서 '신학자'로서 처신하고 사고했다. 이러한 사실은 이 시기에 쓴 『선의 본성』De natura boni, 『피조물 대전』Summa de creaturis, 『명제집 주해』Sentenzen-Kommentar에 잘 드러난다.[62]

---

[58] 당시 수도회 대학(Studium generale)에는 전 유럽의 각 수도회 관구가 매년 세 명 한도 내에서 학생을 파견했다. 국제적 성격을 띤 수도회 대학은 수도회 총장 직속으로, 각 지역의 관구장들로부터 독립해 있었지만 독자적으로 학위를 수여할 수 있는 권한이 없었다. 따라서 늘 '일반대학'(Universität)이 있는 도시에 설립하는 것이 관례였다. 학위 취득의 불편을 덜어주기 위해서였다. Loris Sturlese, *op. cit.*, 324.

[59] *ibid.*, 325.   [60] *ibid.*, 326.

[61] 48쪽 참고문헌 참조.   [62] Loris Sturlese, *op. cit.*, 333.

1248년 쾰른의 도미니코 수도회 대학 학장Rector으로 부임한 알베르투스 마뉴스는 1249년에 『디오니시우스 전집』에 실려 있는 텍스트Text로 강의했다.[63] 이에 그치지 않고 1250년 쾰른의 수도회 대학에서 아리스토텔레스의 『니코마코스 윤리학』Ethica Nicomachea을 주해하면서 강의했다. 알베르투스는 강의와 병행해서 『아리스토텔레스 전집』Corpus Aristotelicum 모두를 체계적으로 주석해 내기 시작했다.[64]

아리스토텔레스의 『자연학』(Physica, 1251년), 『천체학』(De caelo, 1251년 이후), 『발생론』(De generatione, 1251년 이후), 『기상론』(Meteora, 1251년 이후), 『원소의 특징들에 대한 원인론』(De causis proprietarum elementorum, 1251년 이후 수년간), 『영혼론』(De anima, 1254~1257), 『소자연론』(Parva naturalia, 1258~1263), 『식물론』(De vegetabilibus, 1258~1263), 『광물학』(Mineralia, 1258~1263), 『동물학』(De animalibus, 1258~1263), 『영혼의 본성과 기원론』De natura et origine animae(1263년 이후), 『기하학』(Geometria, 1263년 이후), 『윤리학』(Ethica, 1263년 이후), 『정치학』(Politica, 1263년 이후), 『형이상학』(Metaphysica, 1263년 이후)을 주석했으며 끝으로 아리스토텔레스의 위서僞書인 『원인론』에 대한 주석서 『우주의 원인과 발생 과정론』(De causis et Processu universitatis, 1268년)도 작업해 낸다.[65]

스콜라 철학과 신학 속의 신플라톤주의에 대한 최근 연구는 알베르투스 마뉴스를 '그리스도교적 아리스토텔레스주의'이라는 고정관념에서 벗어나 새로운 눈으로 바라볼 수 있게 해 주었다.

오늘날 우리는 알베르투스 마뉴스를 신플라톤 철학과 헤르메스Hermes 사상에 경도된 철학 노선의 옹호자로 생각한다.[66] 슈트라스부르크의 울리히Ulrich von Straßburg(1248/1254~1277), 프라이베르크의 디트리히Dietrich von

---

[63] ibid.
[64] ibid., 334.
[65] ibid., 335.
[66] Kurt Ruh, op. cit., 107.

Freiberg(1240~1318/1320년경), 마이스터 엑카르트 그리고 모스부르크의 베르톨트Berthold von Moosburg(첫 흔적 1318년~마지막 흔적 1361년) 등이 이러한 노선에 속해 있는 사상가들이다.

이러한 철학 노선은 1250~1350년에 이르는 중세 독일철학과 더불어, 소위 사변적 독일 신비사상을 규정한다.[67]

철학자 알베르투스의 견해는 이렇다.

"온전한 철학적 지식은 아리스토텔레스 철학과 플라톤 철학을 동시에 알아야 얻을 수 있다"(Met. 89, 85-87).

그러나 알베르투스는 말년에 점점 더 신플라톤주의로 기울어지게 된다. 이러한 사실은 '위디오니시우스의 저서들'에 대한 주석서와 『우주의 원인과 발생 과정론』에서 잘 드러나고 있다.[68]

1. 플로티누스 이후 신플라톤 학파

플로티누스의 논고 「존재의 종류에 대하여」(Enn, 6.1-3)는 아리스토텔레스의 『범주론』을 논박한다. 그러나 플로티누스의 제자 포르피리우스는 『범주론』과 아리스토텔레스의 논리학적 저서 『오르가논』Organon을 신플라톤주의 전통 속에서 논리학 기본 이론서로 인정하고 있다. 그리하여 포르피리우스는 아리스토텔레스의 『범주론』 서문 '이사고게'Isagoge와 본문 『주해서』Commentarium를 저술했다.[69]

---

[67] *ibid.*

[68] *ibid.*, 108.

[69] Porphyry, *On Aristotle's Categories*, translated by Steven K. Strange, Cornell University Press, Ithaca, New York 1992, 1.

『범주론』을 주해하게 된 것은 이 저서의 성격과 목적에 대한 포르피리우스의 독특한 견해 때문이었다. 그는 『범주론』이 '논리학'에 속한 작품이며 '형이상학'에 속한 작품이 아니라고 본다.

포르피리우스는 아리스토텔레스가 '철학의 초보자'를 의식하면서 『범주론』을 썼다고 생각한다(cf. Dex. in Cat. 42, 5-8). 다시 말해서, 형이상학의 문제, 보편자의 존재론적 차원에 들어서지 않고 플라톤이 말하는 분리된 형상의 존재 여부를 논하지 않으면서, 『범주론』이 초보자에게 이해 가능한 것이라고 포르피리우스는 말한다.[70]

아리스토텔레스가 『범주론』을 일차적으로 감각적 세계의 개별 사물에 적용시키기 때문에, 플라톤의 예지적 세계의 존재론과 양립할 수 있다고 포르피리우스는 생각했다.[71]

심플리키우스Simplicius(6세기)는 킬리키아Cilicia(소아시아, 오늘날 터키) 출신(5세기 말 출생)이다. 처음에는 알렉산드리아의 암모니오스(헤르메이아스Hermeias의 아들)에게서 공부했다. 아마 그 후에는 아테네에서 시리아 계열의 신플라톤 학파에 속한 다마스키우스Damascius(462~538)에게서 공부했을 것이다.

529년, 유스티니아누스Justinianus 황제가 아카데미아를 폐쇄하자 다마스키우스는 제자 심플리키우스와 다른 뛰어난 제자 다섯과 함께 페르시아의 코스레오스Chosreos 왕에게 피난처를 구했다.[72] 그러나 이들은 곧 실망하여 그곳을 떠났다(531). 최근까지 사람들은 그들이 아테네 또는 알렉산드리아로 되돌아왔을 것이라고 추측했다.[73]

---

[70] ibid., 8-9.　　　　　[71] ibid., 10.

[72] Simplicius, On Aristle's Categories 1-4, translated by Michael Chase, Ithaca, New York: Cornell University Press 2003, 2.

[73] ibid., 3.

그러나 최근 타르디외M. Tardieu의 연구에 의하면 심플리키우스와 그의 동료들은 메소포타미아의 도시 하란Harran(옛 Carrhae)에 정착하여 '철학 학원'을 설립했다 한다. 이 학원은 1081년에 이르기까지 400년간 존속했다고 전한다.[74]

이 추정이 옳다면 심플리키우스와 스승 다마스키우스는 '역사적으로 대단한 중요성'을 지닌다. 그리스 학문과 그리스 철학을 아랍 세계에 전수한 장본인들이기 때문이다.

심플리키우스 시대에 '철학'은 상황이 달라졌다.

철학은 이제 존재와 세계를 탐구하는 학문이기를 그쳤다. 철학은 이제 몇몇 천재들, 즉 소크라테스 이전 철학자들, 플라톤, 아리스토텔레스 등에 의해서 수행되던 그런 학문이 아니었다.

철학은 이제 '주해'의 성격을 띠게 되었다.[75] 모든 진리는 신이 파견한 몇몇 사람, 즉 오르페우스, 피타고라스, 아리스토텔레스 그리고 특히 플라톤에 의해서 먼 옛날에 이미 발견되었다고 사람들은 생각했다.

따라서 철학의 과업이란 이제 이들 '천재의 저서들'을 '정확히 해석하는 일'이었다. 이러한 생각은 고대 말까지 계속되었다.[76]

당시 모든 철학도가 따라야 했던 '교과 과정'(cursus studiorum)은 이렇다.[77]

우선 일종의 윤리적 정화를 거쳐야 했다. 이것은 에픽테토스Epiktetos의 저서와 피타고라스Pythagoras의 금언들을 통해 이루어졌다.

그리고 난 뒤 일단 아리스토텔레스를 읽어야 했다. 여기에는 아리스토텔레스의 논리학, 물리학, 심리학에 관한 저서들뿐 아니라 『형이상학』도 포함되었다.

---

[74] *ibid.*   [75] *ibid.*

[76] *ibid.*   [77] *ibid.*, 4.

그 후 이어서 플라톤의 정선된 열세 개의 대화편을 읽어야 했다.

그것은 『알키비아데스』*Alkibiades* 제1권부터 시작하여 모든 지식의 정점이라 여겨지던 『티마이오스』*Timaios* — 물리학의 귀결 — 와 『파르메니데스』*Parmenides* — 신학적 지혜의 총화 — 에 이르러 완결된다.

고대 후기의 이러한 철학적 분위기가 『원인론』이라는 저서를 낳았을 것이다. 특히 여기에는 아리스토텔레스의 『형이상학』은 플라톤과 신플라톤 철학으로 보충되어야 비로소 온전한 철학 체계가 가능하다고 하는 생각이 크게 작용했을 것이다.

2. 『원인론 주해서』와 『신비신학 주해서』

라틴어 판으로 전해 오는 『원인론』의 제목은 둘이다.

'순수 선성에 대한 아리스토텔레스의 책'(Liber Aristotelis de expositione bonitatis purae)과 '원인들에 대한 책'(Liber de causis)이 그것이다.[78]

아리스토텔레스의 『형이상학』은 '원리론', '철학적 신론' 그리고 '존재론'이 비교적 서로 무관하게 다루어지고 있다. 그래서 사람들은 이 세 주제를 연결 짓는 아리스토텔레스의 문헌이 따로 있을 것으로 추정하고 『원인론』이 바로 그 책이라 여겼다.[79]

1268년 뫼르베케의 빌헬름Wilhelm von Moerbeke이 프로클로스의 『신학요강』을 그리스어에서 라틴어로 번역한 후, 『원인론』이 아리스토텔레스의

---

[78] Alexander Fidora-Andreas Niederberger, *Von Bagdad nach Toledo, Das "Buch der Ursachen" und seine Rezeption im Mittelalter*, Lateinisch-deutscher Text, Kommentar und Wirkungsgeschichte des *Liber de causis*, Mit einem Geleitwort von Matthias Lutz-Bachmann, Mainz: Dieterich'sche Verlagsbuchhandlung 2001, 16.

[79] *ibid.*

책이 아니라 프로클로스의 『신학요강』에서 유래한다는 사실이 밝혀졌다. 『원인론』은 1167~1187년에 톨레도에서 크레모나의 게르하르트Gerhard von Cremona가 아랍어에서 라틴어로 번역했다.[80]

『원인론』이 프로클로스의 『신학요강』에 근거한다는 사실이 확실함에도 불구하고, 『원인론』에는 『신학요강』의 '다신론'이 '일신론'으로 대체되어 있고 '창조론'이 그리스 사상에 비하여 훨씬 더 강조되어 있다. 이렇게 본다면 『원인론』은, 그리스의 신플라톤 철학에 근원을 두고 있기는 하지만, 이슬람 사상과의 맥락 속에서 생겨났다고 보아야 할 것이다.[81]

31개 명제로 구성된 아랍어 원본 『원인론』은 9세기에 바그다드에서 저술되었으리라고 일반적으로 받아들여진다.[82]

1255년, 『아리스토텔레스 전집』이 파리 대학 교과 과목으로 채택되자, 당시 아리스토텔레스의 저서로 알려져 있었던 『원인론』 역시 대학의 필수 과목이 되었다. 그 결과, 학생과 교수 모두가 『원인론』을 철저히 연구해야 했다.[83]

『원인론』을 아리스토텔레스의 저서들 속으로 이끌어 들이게 되면서, 중세 저자들은 아리스토텔레스의 『형이상학』이 '하나의 그 자체로 완결되고 완성된 형이상학적 세계상'을 제공하고 있다고 보았다. '원리론', '존재론', '철학적 신론'을 다룬 『형이상학』은 『원인론』이 제시하는바 '출발과 귀환'이라는 신플라톤적 개념을 통해 비로소 완결되고 완성되기 때문이다.[84]

알베르투스 마뉴스는 1264~1267년에 『원인론』을 주석했다. 제목은 '원인들과 제1원인으로부터 모든 사물의 발출發出에 대하여'(De causis et processu universalitatis a prima causa)다.[85]

---

[80] *ibid.*, 17.   [81] *ibid.*, 18.   [82] *ibid.*, 20.

[83] *ibid.*, 224.   [84] *ibid.*, 225.   [85] *ibid.*, 227.

알베르투스는 아리스토텔레스의 모든 저서, 특히 『형이상학』과 대결하고 난 후에 이 책을 썼다. 그도 당시의 여러 저자처럼 『원인론』이 아리스토텔레스의 저서라고 믿고 있었다. 그는 『원인론』을 아리스토텔레스의 『형이상학』 제12권과 연계하여 주해하면서, 『원인론』이 '아리스토텔레스 신학의 개요'를 제시해 준다고 믿었다.[86]

2.1 『원인론 주해서』

알베르투스 마뉴스는 『원인론』을 주석했다.

그것이 『우주의 원인과 발생 과정론』이다. 알베르투스는 이 저서를 통해 『아리스토텔레스 전집』의 주석, 특히 『형이상학』 주석을 마무리지었다.

여기서는 『원인론』을 알베르투스의 주해서와 직접 관련시키지 못한 채 몇몇 명제들만 살펴보겠다.

제1 명제[87]

제1 명제에서 저자는 '존재'(esse), '생명'(vivum), '인간'(homo)을 차례로 해설하고 있다.

처음에, 어떤 사물이 '존재'한다.

다음으로, '생명'이 온다.

끝으로, '인간'이 온다.

'생명'은 인간의 '가까운 원인'이다. '존재'는 인간의 '먼 원인'이다. 그러나 '존재'는 '생명'보다 '인간'에게 '더 강한 원인'이다. '존재'는 '생명의 원인'이며 '인간의 원인'이기 때문이다.

---

[86] *ibid.*   [87] Ruh, 23.

'이성'이 '인간의 원인'이라면 '존재'는 '이성'보다도 '인간'에게 '더 강한 원인'이다. 이것은, '이성'이 없다면 인간은 더 이상 인간이 아니라는 사실에서 잘 드러난다. 그래도 인간은 아직 '살아 숨쉬는 것'(생명)으로 남아 있다. 그로부터 '생명'을 빼앗아 버려도 하나의 '존재'로 남아 있다. 따라서 '먼 원인'일수록 '더 강한 원인'이다.

제2명제[88]

제2명제에서는 '제1원인'(causa prima), '정신'(intelligentia), '영혼'(anima)이라는 프로클로스의 삼중 개념을 다룬다. 여기서 삼중 개념은 프로클로스보다는 약화되어 있다.

저자는 삼중 개념을 '영원성'(aeternitas)이라는 개념과 관련지어 다룬다.

각각의 '존재'는 '영원성 이전에'(ante aeternitatem) 있거나, '영원성과 더불어'(cum aeternitate) 있거나, '영원성 이후에'(post aeternitatem) '시간을 넘어서'(supra tempus) 있다.

'영원성 이전에 있는 존재'는 '제1원인'이다.

'영원성과 더불어 있는 존재'는 '정신'이다.

'영원성 이후에' '시간을 넘어서 있는 존재'는 '영혼'이다.

알라누스 압 인술리스Alanus ab Insulis(Alain de Lille, 1124~1203년경)는 '영원성 이후에' '시간을 넘어서' 있는 영혼을 영혼불멸 논증의 근거로 삼는다(De fide catholica contra haereticos, I c.30; PL 210 Sp.332).[89]

알베르투스 마뉴스는 『원인론 주해서』에서 아리스토텔레스(실은 아랍의 아리스토텔레스 주석가)가 한편으로는 '고귀한 영혼', '세계 영혼', '천체 영혼'과,

---

[88] Ruh, 24.　　　　　[89] Ruh, 25.

다른 한편으로는 '인간 영혼'을 구별했다고 생각한다(Liber de causis et processu universitatis, II, I, c.2; Ed. Col. 62).[90]

마이스터 엑카르트는 독일어 설교집과 라틴어 저서 여러 곳에서 제2명제를 인용 · 해설한다.

엑카르트는 설교 47(Quint판)에서 이렇게 말했다.

"영혼은 시간과 영원 사이에서 창조되었다. 그리하여 영혼은 시간과 영원 양쪽에 닿아 있다. 영혼은 그 상부의 능력으로 영원에 닿아 있고, 그 하부의 능력으로 시간에 닿아 있다."[91]

제3명제[92]

제3명제 중에서 중세 주석가들이 관심을 쏟은 부분은 이것이다.

"제1원인은 영혼의 존재를 정신을 매개로 하여 창조했다. 그리하여 영혼은 신적 작용을 하도록 창조되었다."

중세 사상가들은 '제1원인'을 '창조신'으로 이해하고 받아들였다. 그러나 '정신을 매개로 하여'라는 부분은 받아들이지 않았다. '창조신'만이 '존재'를 창조할 수 있을 뿐, '정신'은 창조할 수 없다고 생각했기 때문이다.[93]

제4명제[94]

제4명제는 '제1원인이 창조한다'는 사실을 좀 더 상세히 해명한다.

'제1원인'은 제일 먼저 '존재'를 창조한다. '존재' 이전에는 어떤 '영혼'도 '정신'도 없었다. 마이스터 엑카르트는 이 명제를 인용하면서, "창조된 사물 중에 첫 번째 것은 존재다"(LW I, 294-295)라고 말한다.

---

[90] ibid.　　　　[91] ibid.　　　　[92] ibid., 26.

[93] ibid., 27.　　[94] ibid.

제5명제[95]

제5명제는 "신에 대한 이름이 없다"고 말한다.

이러한 제5명제는 위디오니시우스 저서들(*DN* I, 2; *MTh* I, 3)과 더불어 중세 신비사상에 지대한 영향을 끼친다.

마이스터 엑카르트는 이 명제를 인용하여 말한다.

"어떤 스승은 제1원인에 대해서, 그것이 어떤 이름도 넘어서 있다고 말했다"(Quint, 20a; *DW* I, 329).

『원인론』은 중세 전성기 이후까지 큰 영향을 끼쳤다. 『원인론』은 신플라톤 학파에 속하는 문헌이다. 이 문헌은 알베르투스 마뉴스를 비롯한 중세 사상가들이 아리스토텔레스의 형이상학을 넘어서도록 해 주었다.

2.2 『신비신학 주해서』

『디오니시우스 전집』에 대한 주석이 알베르투스 마뉴스를 신플라톤주의로 향하게 하는 결정적인 계기가 된 것 같다.[96]

알베르투스는 쾰른 시기 초에 '위디오니시우스의 신비신학에 대하여' (Super Dionysii de mystica theologia)를 강의했다.

알베르투스는 우선 '숨어 있는 신'[deus absconditus(이사 45,5)]에 대해 말한다. 그는 '숨어 있는'이라는 말마디를 '신비적'이라는 말마디와 같은 것으로 보았다. 위디오니시우스에 의하면 우리는 '부정'을 통해서만 '숨어 있고 감추어져 있는 신'에게 올라갈 수 있다. 알베르투스의 주제는 신비적 신 인식과 부정신학을 연결하는 것이다(453, 21-25).[97]

---

[95] *ibid.*, 28.

[96] *ibid.*, 113.

[97] *ibid.*, 114.

『신비신학』은 '기도'로 시작된다.

알베르투스는 이 '기도'에 대한 해설로 강의(주석)를 시작한다.

"인도하소서, 삼위일체여,

모든 것을 존재하게 하는,

존재를 넘어서 있는 너,

모든 것을 그 목표로 이끄는,

선을 넘어서 있는 너,

인식을 넘어서 있는,

빛을 넘어서 있는,

신비적 언어의 가장 높은 저 정상으로

우리를 이끌어 주소서."[98]

알베르투스는 위디오니시우스를 따라서 시나이 산에서 모세가 체험한 신에 대한 직관을 신비적 고양의 표본으로 길게 해설한다.

알베르투스는 위디오니시우스가 그랬던 것처럼, 모세의 두 번에 걸친 시나이 산 체험을 하나의 사건으로 묶는다: 탈출기 19-20장에서 모세가 십계판을 받는 사건과 33장에서 모세가 신을 보는 사건이 그것이다.[99]

알베르투스는 탈출기 19장에서 '정화의 행위', '우렛소리와 번개', '울려 퍼지는 나팔 소리'를 이끌어 낸다. 그는 무엇보다도 '정화'를 강조하면서, '신이 아닌 일체의 것에서 떠나는 것'으로 해석한다. 이 세상의 '모든 욕정과 인식에서 벗어나는 것'으로 해석한다(461, 38-44).[100]

이제 모세는 모든 것을 벗어나 '무지의 어둠' 속으로 들어선다. 이러한

---

[98] *ibid.*, 115.

[99] *ibid.*, 116.

[100] *ibid.*

어둠은 '신비적인 것'이다. 그 속에 신이 거居한다(462, 11-38).[101] 모세는 그 속에서 신을 보았다. 그러나 '신 자체'를 본 것이 아니라(464, 26f) 신을 '뒤에서', '등 뒤에서' 보았다(Ex. 33,23).[102]

지난 수십 년간의 연구 결과로, 알베르투스 마뉴스가 신플라톤주의로 정향定向된 사유思惟의 새로운 출발점이 된다는 사실이 확실해졌다. 알베르투스의 이러한 철학 노선은 독일 도미니코회 신학자들, 즉 슈트라스부르크의 울리히, 프라이베르크의 디트리히, 마이스터 엑카르트, 모스부르크의 베르톨트 등에게로 이어진다. 그리고 이들의 사상이 대중 언어인 독일어에 파고들면서, 소위 독일 신비사상이 생겨나게 되는 것이다.[103]

참고문헌

□ 1차 자료

Alberti Magni Opera omnia, ed. Augustus Borgnet(파리 판), 38 Bde., Paris 1890~1899.

Alberti Magni Opera omnia, Münster/W. 1951~.

I	*Super Prophyrium De V universalibus, De praedicamentis, De sex principiis, De divisione* (ed. P. de Loë a. 1913), *Peri hermeneias*.
II	*Analytica priora, Analytica posteriora*.
III	*Topica, De sophisticis elenchis*.
IV	Pars I *Physica* 1, 1-4, Pars II *Physica* 1, 5-8.
V	Pars I *De caelo et mundo*, Pars II *De natura loci, De causis proprietarum elementorum, De generatione et corruptione*.

---

[101] *ibid.*, 117.   [102] *ibid.*, 119.   [103] *ibid.*, 129.

VI	*Meteora, Mineralia.*
VII	Pars I *De anima,* Pars II *De nutrimento et nutribili, De sensu et sensato, De memoria et reminiscentia, De intellectu et intelligibili, De somno et vigilia, De spiritu et respiratione, De motibus animalium, De iuventute et senectute, De morte et vita.*
VIII	*De vegetabilibus* (ed. E. Meyer et C. Jessen a. 1867).
IX	*De animalibus* I (ed. H. Stadler a. 1916. 1920).
X	*De animalibus* II.
XI	*De animalibus* III.
XII	*De natura et origine animae, De principiis motus processivi* (ed. H. Stadler a. 1909), *Quaestiones super de animalibus.*
XIII	*Ethica.*
XIV	*Super Ethica,* Pars I.II.
XV	*Politica.*
XVI	*Metaphysica,* Pars I.II.
XVII	Pars I *De unitate intellectus, De XV problematibus* (ed. P. MANDONNET a. 1908), *Problemata determinata* (ed. J.A. WEISHEIPL a. 1960), *De fato.*
	Pars II *De causis et processu universitatis a prima causa.*
XVIII	*Super Iob* (ed. M. WEISS a. 1964), *De muliere forti.*
XIX	*Super Isaiam, Super Ieremiam* (fragm.), *Super Ezechielem* (fragm.).
XX	*Super Threnos, Super Baruch, Super Danielem, Super prophetas minores.*
XXI	Pars I (1-14) *Super Matthaeum,* Pars II (15-28).
XXII	*Super Marcum.*
XXIII	*Super Lucam.*
XXIV	*Super Iohannem.*

XXV	Pars I *De natura boni*, Pars II *Quaestiones theologicae* (ineditum).
XXVI	*De sacramentis, De incarnatione, De resurrectione.*
XXVII	*De IV coaequaevis, De homine.*
XXVIII	*De bono.*
XXIX	*Super I Sent.*
XXX	*Super II Sent.*
XXXI	*Super III Sent.*
XXXII	*Super IV Sent.* (I).
XXXIII	*Super IV Sent.* (II).
XXXIV	*Summa de mirabili scientia dei* I Pars I.
XXXV	*Summa de mirabili scientia dei* II.
XXXVI	Pars I *Super Dionysium De caelesti hierarchia.*
	Pars II *Super Dionysium De ecclesiastica hierarchia.*
XXXVII	Pars I *Super Dionysium De divinis nominibus.*
	Pars II *Super Dionysii Mysticam theologiam, Super Dionysii epistulas.*
XXXVIII	De *mysterio missae*, De *corpore domini.*
XXXIX	*Super Euclidem.*
XXXL	*Sermones, Epistulae.*
XLI	*Opera dubia et spuria, De S. Alberti vita et operibus, Indices.*

Tomus subsidiarius: W. FAUSER SJ, *Codices manuscripti operum Alberti Magni.*

Pars I *Opera genuina.*

현재 독일어권에서도 주저 번역본이 없다. 발췌 대역본 *Albertus Magnus*, Ausgewählte Texte, Lateinisch-Deutsch, hg. und übersetzt von Albert FRIES, Darmstadt 1981, ²1987이 있을 뿐이다.

□ 2차 자료

Albertus Magnus Doctor universalis 1280~1980, hgg. von Gerbert MEYER OP und Albert ZIMMERMANN (Walberberger Studien, Philos. Reihe 6) Mainz 1980.

Albert der Große. Seine Zeit, sein Werk, seine Wirkung, hg. von Albert ZIMMER-MANN (Miscellanea Mediaevalia 14) Berlin - New York 1981.

Albert der Große und die deutsche Dominikanerschule. Philosophische Perspekti-ven, *Freiburger Zeitschrift für Philosophie und Theologie* 32 (1985) Heft 1-2.

Alain de LIBERA, *Albert le Grand et la philosophie*, Paris 1990.

Kurt RUH, Albertus Magnus, in: *Geschichte der abendländischen Mystik*, Bd. 3, München 1996, 107-129.

Heribert Christian SCHEENBEN, *Albertus Magnus, Ordensmann, Bischof, Gelehr-ter, Mann des Volkes*, Bonn 1934, Köln ³1980.

Ferdinand VAN STEENBERGHEN, Das philosophische Werk Albertus des Grossen, in: *Die Philosophie im 13. Jahrhundert*(독역 판), München - Paderborn - Wien 1977, 255-285.

Loris STURLESE, Der philosophische und naturwissenschaftliche Rationalismus Alberts des Großen, in: *Die deutsche Philosophie im Mittelalter*, München 1993, 324-388.

2
중세 독일 신비사상

③

마이스터 엑카르트의 생애와 저서

1. 들어가며

마이스터 엑카르트는 라틴어 저서 『삼부작』三部作 서문에서 이렇게 말한다. "다음의 명제, 문제 그리고 해설(주해) 중 어떤 것은 일견, 해괴망측하고 (monstruosa) 의심스러우며(dubia) 오류로(falsa) 보일 것이다. 그러나 좀 더 자세히(sollerter), 좀 더 힘들여(studiosius) 살펴보면 그렇지 않다는 사실에 주의해야 한다."[1]

이런 주의에도 불구하고 당시 프랑스 아비뇽Avignon에 있던 교황청은 엑카르트의 저작 가운데 여러 항목을 단죄했다. 판결인즉 이러했다:

17개 항목들이 "말마디나 문맥에서" "오류 내지 이단의 하자를 포함하고 있다". 그리고 다른 11개 항목이 "우리가 보기에 상당히 좋지 않게 표현되어 있다". 그래서 "너무 경솔하며 이단의 혐의가 있다". "물론 (후자의) 이 항목들은 많은 설명과 보충을 가하면 가톨릭적 의미(가톨릭 교회의 교

---

[1] Meister Eckhart, *Lateinische Werke*, Bd. I-1, hrsg. und übersetzt von Konrad Weiß, Stuttgart 1964/1988, 152.

의)를 가질 수 있기는 하지만 말이다."[2]

오늘날 마이스터 엑카르트 복권 운동이 일고 있다.

1980년, 독일 발버베르크Walberberg에서 개최된 도미니코회 총회는 마이스터 엑카르트에 대한 판결을 재심해 줄 것을 교황청에 요청하기로 결정했다. 그리하여 그 자료를 마련하기 위해 마이스터 엑카르트 위원회(Meister Eckhart Kommission)를 구성했다. 위원은 발버베르크 수도원의 빌레하드 에케르트Willehad Eckert OP, 취리히 대학의 알로이스 하스Alois M. Haas, 프리부르 대학의 루에디 임바흐, 루체른 수도원의 하인리히 슈티르니만, 피사의 로리스 슈투얼레제Loris Sturlese, 파리 수도원의 에두아르 베베르Edouard H. Wéber OP다.[3]

중세 독일 신비사상의 중심 인물은 마이스터 엑카르트다.

엑카르트는 신앙의 가르침과 성경의 가르침을 철학자들의 이론으로 해명하겠다는 저자의 '의도'를 표명하고 있다.

이러한 의도에 따라서 첫째, 엑카르트는 신플라톤 철학의 범주들을 받아들여 작업해 나간다. 그것은 '하나'(一者), '머무름'(滯留), '움직임'(運動) — '나옴'(發出)과 '되돌아감'(歸還) —, '같은 것'(동일한 것)과 '다른 것'(상이한 것)이라는 다섯 범주다. 아리스토텔레스의 열 개 범주를 가지고는 형이상학을 제대로 전개해 나갈 수가 없다고 생각했기 때문이다.

둘째, 그는 위디오니시우스(알베르투스 마뉴스)를 따라 형이상학을 전개시킨다. 위디오니시우스는 『신명론』에서 성경과 신플라톤 철학의 기본 개념

[2] Denzinger - Hünermann, *Enchiridion symbolorum*, 979, Freiburg/Br. - Basel - Wien, [40]2005, 403.

[3] Heinrich Stirnimann - Ruedi Imabach (Hrsg.), *Eckhardus Theutonicus - Homo doctus et sanctus*, Freiburg/Schw. 1992 (Dokimion, Bd. 11), Vorwort.

들을 받아들이면서 긍정신학을 전개한다. 엑카르트는 라틴어 저서 『삼부작』에서 주로 스콜라 철학의 초월 개념들을 받아들이면서, 형이상학을 전개한다. 그는 여기서 '유비'類比(Analogie) 개념보다는 '일의성'—義性(Univozität) 개념을 강조한다.

셋째, 위디오니시우스(알베르투스 마뉴스)는 『신비신학』에서 성경과 신플라톤 철학의 기본 개념들을 떠나, 그들을 넘어서서, 그의 신비신학을 전개한다. 엑카르트도 독일어 저서들, 특히 독일어 설교에서 스콜라 철학의 초월개념을 떠나고 넘어서서 나름의 신비사상을 전개한다.

엑카르트의 신비사상은 '모든 것'과 '자기 자신'마저 떠나서 '버리고 떠나 있기'(Abgeschiedenheit), '놓아두고 있기'(Gelassenheit)를 말하고 있다. 그러면 '영혼 속에 신의 탄생'(Gottesgeburt in der Seele)이 이루어진다고 한다. '인간이 신과 하나가 된다'.

마이스터 엑카르트의 사상을 정리해 낸다는 것은 쉬운 일이 아니다. 우선 그의 라틴어 저서들이 19세기 말(1886)에야 비로소 발견되었고, 다섯 권으로 계획·출간 중인 라틴어 저서들은 아직 완간되지 않았다. 역시 다섯 권으로 계획·출간 중인 그의 독일어 저서들, 특히 설교집은 설교를 들은 사람들의 기록으로 전해 온다.

그럼에도 그의 저작집 발간이 거의 마무리 단계에 이르렀기 때문에,[4] 이를 토대로 엑카르트 사상에 대한 연구는 새로운 국면에 들어서게 되었다.

오늘날 유럽에서는 중세 재조명 운동이 활발히 일고 있다. 특히 마이스터 엑카르트에 대한 새로운 연구가 한창이다. 이는 오늘날 '엑카르트에 대한 연구 도서목록'이 한 권의 책으로 나와 있다는 사실에서도 단적으로 드

---

[4] 98쪽 참고문헌 참조.

러난다.[5] 그리고 일본은 마이스터 엑카르트를 동·서양 대화의 징검다리로 삼고자, 엑카르트에서 정점을 이루는 그리스도교 신비사상, 특히 독일 신비사상 번역 작업에 온 힘을 기울이고 있다.[6]

이 글은 엑카르트의 사상에 대한 본격적인 연구가 아니다. 그의 사상을 해석하고 이해하는 데 토대가 되는 그의 생애와 저서들을 소개해 보려는 것이 이 글의 의도이자 목표다.

마이스터 엑카르트는 '가르치는 일'과 '사는 일'에 두루 밝아서 '앎의 스승'(Lesemeister)이자 '삶의 스승'(Lebemeister)이라 일컬어진다.[7] 아래에서는 먼저 시대적 배경을 살펴본 다음, 생애와 저서들을 살피되 특히 두 차례에 걸친 파리 대학 교수 시기의 라틴어 저서 『삼부작』Opus Tripartitum, 슈트라스부르크와 쾰른 시기의 독일어 저서 『논고들』Traktaten과 『설교집』Opus sermonum을 중심으로 다룰 것이다.

아울러 그의 소송 사건을 다루고, 끝으로 엑카르트의 신비사상을 특징지어 보고자 한다.

---

[5] Niklaus Largier, *Bibliographie zu Meister Eckhart*, Freiburg/Schw. 1989 (Dokimion, Bd. 9). Meister Eckhart를 전반적으로 다루는 최근 독일어 단행본: Alois M. Haas, *Meister Eckhart als normative Gestalt geistlichen Lebens*, Einsiedeln 1979; Bernhard Welte, *Meister Eckhart: Gedanken zu seinen Gedanken*, Freiburg - Basel - Wien 1979(²1992); Kurt Ruh, *Meister Eckhart: Theologe, Prediger, Mystiker*, München 1985(²1989); Wouter Goris, *Einheit als Prinzip und Ziel: Versuch über die Einheitsmetaphysik des Opus Tripartitum Meister Eckharts*, Leiden - New York - Köln 1997; Bernard McGinn, *The Mystical Thought of Meister Eckhart*, New York: Crossroad 2001; *Meister Eckhart in Erfurt* (Miscellanea Mediaevalia, Bd. 32), hrsg. von Andreas Speer und Lydia Wegener, Berlin - New York: Walter de Gruyter 2005; 길희성 『마이스터 엑카르트의 영성 사상』 분도출판사 2003.

[6] 『キリスト教 神秘主義 著作集』 全17卷, 植全兼義 編輯, 東京 教文館 1992~; 『ドイツ 神秘主義 叢書』 全12卷, 上田閑照-川崎幸夫 編輯, 東京: 創文社 1991~.

[7] Martin Heidegger, *Der Feldweg*, Frankfurt/M. 1953(⁹1991), 4.

2. 시대적 배경

13세기에 이르러 교황권은 절정에 달해 있었다. 경쟁자였던 황제권이 독일 황제 프리드리히 2세의 죽음(1250)과 더불어 쇠퇴하고 말았기 때문이다. 교황권과 황제권이 서로 대립하여 치열한 경쟁을 벌이고 있을 때, 교회 내부에서는 하나의 '새로운 바람'이 일고 있었다.

2.1 순회 설교가

새로운 바람, 그 첫 움직임으로, 사람들이 수도원의 높은 담을 벗어난다. 그리하여 예수와 사도들처럼, 가진 것 없이 걸어서 세상에 복음 말씀을 전하기 시작했다. 이것이 소위 '순회 설교가'의 시작이었다.[8]

이들은 마을과 장터와 도시를 찾아 나섰다. 그러고는 사람들에게 가난(淸貧)과 참회의 생활을 설교하기 시작했다. 많은 사람이 그들의 설교에 진지하게 귀 기울였다. 순회 설교가들은 무엇보다, 교황과 주교들이 성직聖職과 더불어 세속 권력을 함께 가지고 있다는 사실을 날카롭게 비판했다.

또한 성직자들이 많은 토지와 재산을 가지고 있다는 사실에 대하여 가차 없는 비판을 퍼부었다. 그들은 세속 권리와 상관 없는 '순수한 교회'를 부르짖었고, 토지와 재산을 버린 '가난한 교회'를 외쳤다.[9]

이러한 '순수한 교회', '가난한 교회' 운동은 때때로 극단에까지 치달았다. 그리하여 급기야 제도적 교회, 성사와 기도까지 거부하는 지경에 이르렀다.

---

[8] Peter Hawel, *Das Mönchtum im Abendland. Geschichte, Kultur, Lebensform*, Freiburg - Basel - Wien 1993, 295.

[9] *ibid.*, 296.

그들은 '스스로 직접 신을 체험한다'고 했다. 그리고 '더할 수 없는 종교적 자유를 누린다'고 했다. 심지어 '율법이나 윤리 도덕에도 구애받지 않는다' 했다.[10]

그들은 스스로를 '완전한 자'(Perfecti)라 칭했다. 그래서 따로 구원자를 필요로 하지 않았다. 스스로 구원을 성취한다고 생각했기 때문이다. 구원의 종교인 그리스도교가 여기서는 자기가 자기를 구원하는 종교로 변모해 버린다.[11]

그들은 모든 외적 전례를 거부하고 '성령의 세례' 하나만 인정했다. 이러한 세례는 오랜 수련 끝에 안수를 통해 베풀어졌다.[12]

12세기 후반부터 13세기 초에 이르기까지 이들은 무서운 세력으로 번져 나갔다. 특히 프랑스 남쪽에 성했고 그들의 중심지는 알비Albi라는 도시였다. 그들은 '알비파'(die Albigenser)라 불리었다.[13] 이러한 운동은 같은 프랑스 남쪽의 리옹Lyon에서도 생겨났으며('리옹의 가난한 사람들'), 북부 이탈리아에서도 무서운 기세로 번져 나갔다('겸손한 사람들').

교황 루치우스Lucius 3세는 1184년 이들을 이단으로 공식 단죄했다.

이로써 투쟁의 막이 올랐다. 교황은 이들을 다스리기 위해 1223년 소위 종교재판(이단 심문, Inquisition)을 시작했다.[14]

2.2 탁발 수도회

이러한 가난 운동은 새로운 형태의 수도회들이 생겨나는 계기를 마련해 주었다.

---

[10] *ibid.*, 298.
[12] *ibid.*, 314.
[14] *ibid.*, 315.

[11] *ibid.*, 313.
[13] *ibid.*

지금까지 수도회들은 마을과 도시를 떠나 웅장한 건물을 짓고 높은 담을 쌓았다. 그리고 넓은 토지와 많은 재산을 소유하고 있었다. 그러나 새로 생겨난 수도회들은 재산의 소유를 포기했다. 그들은 복음이 말하는 가난을 글자 그대로 실천하기 위해서 탁발托鉢, 즉 집집마다 돌아다니면서 동냥하여 살아가는 것을 기본 정신으로 삼았다.

그중 두드러진 것이 프란치스코회와 도미니코회였다.

아시시의 프란치스코Franziskus von Assisi(1182~1226)가 설립한 프란치스코회(1210년 설립)는 모든 재산과 소유를 포기했다.[15] "전대에 금도 은도 구리 돈도 지니지 마라. 여행 보따리도 여벌 옷도 신발도 지팡이도 지니지 마라"(마태 10,9-10)는 복음 말씀을 그대로 실천하기 위해서다.

도미니코Dominikus von Guzman(1170~1221)가 설립한 도미니코회(1216년 설립)는 가난과 설교를 통해서 그리스도를 따르기로 그 기본 노선을 정했다.[16] 도미니코회 수도자들은 설교를 통해서 이단자들을 교회로 되돌아오게 하는 데 힘썼다. 그리하여 그들의 공식 이름도 '설교자들의 수도회'(Ordo Praedicatorum, OP)였다.

2.3 대학의 설립

이 시대, 13세기의 가장 두드러진 현상은 대학의 설립이다. 파리의 주교좌 성당 부설학교를 모체로 파리 대학(1200년경)이 설립되었고, 이어서 옥스퍼드 대학 등이 설립되었다. 이제 대학은 학문과 사상의 중심이 되었다.

그리하여 그리스의 철학, 아랍 계통의 아리스토텔레스 주해서들, 그리고 유대 계통의 종교철학이 대대적으로 대학으로 밀려들어 오게 되었다.

---

[15] *ibid.*, 335. [16] *ibid.*, 347.

이것이 가능했던 이유는 첫째, 스페인의 톨레도에서 대규모 번역 사업이 이루어졌기 때문이다. 톨레도가 1085년에(그때까지 톨레도는 아랍 문화권에 속해 있었다) 스페인에 재통합됨으로써 이 도시는 그리스도교 문화권, 이슬람 문화권, 나아가 유대 문화권이 만나는 중심지가 되었다. 톨레도의 대주교 라이문두스Raymundus(1126~1151 재위)는 이슬람과 유대 문화권의 저서들을 라틴어로 번역하는 일을 대규모로 추진시켰다.[17]

둘째, 시실리 왕국의 수도 나폴리에서도 독일 황제 프리드리히 2세가 그리스 · 아랍 · 유대 문화권의 저서들을 라틴어로 번역하는 사업을 추진시켰다.[18] 이들 번역서는 대학에 홍수처럼 밀려들어 왔다.

이 번역서들의 내용은, 한편으로 플라톤의 유산을 이어받은 신플라톤철학(플로티누스와 프로클로스)이었다. 이 철학은 '하나'를 강조한다. '하나'에서 일체의 것이 흘러나왔으며, 일체의 것은 다시 그 '하나'로 되돌아간다는 철학이다.[19] 다른 한편으로는 아랍 철학자들(아비첸나와 아베로에스)이 주해한 아리스토텔레스의 『논리학』, 『자연학』, 『형이상학』이었다. 아랍 철학, 특히 아베로에스의 철학은 종교적 진리를 철학으로 남김없이 해명해 내려고 했다. 따라서 철학은 종교(신학)에 조금도 구애받지 않고 독자적인 길을 간다고 했다.[20]

이러한 상황에서 지금까지 단순히 아우구스티누스Aurelius Augustinus (354~430)의 『참된 종교』De vera religione(391)와 『그리스도교 교양』De doctrina christiana(426) 등을 중심으로 그리스도교 신학을 전개시켜 왔던 당시(13세기) 그리스도교 사상가들은, 이 새로운 철학의 노선들을 한편으로 수용하면서

---

[17] Fernand van Steenbergen, *Die Philosophie im 13. Jahrhundert* (La philosophie au XIIIe siècle, 1966), München - Paderborn - Wien 1977, 76.

[18] *ibid.*, 77.　　　　[19] *ibid.*, 40.　　　　[20] *ibid.*, 47-8.

다른 한편 그들과 대결해야 했다.[21]

도미니코는 도미니코회를 설립한 이듬해(1217) 이미 일곱 명의 수도자를 파리의 대학에 파견했다. 6년 후(1223) 그 수는 120명으로 늘어났다. 그 후 공부하는 수도자들의 수는 해를 거듭하면서 폭발적으로 증가했다.[22]

도미니코회를 따라 프란치스코회도 우수한 수도자들을 대학에 보냈다. 프란치스코 회원과 도미니코 회원들은 이후 중세의 학문과 사상을 주도했다. 그리하여 프란치스코회는 보나벤투라Bonaventura(1221~1274), 둔스 스코투스Duns Scotus(1266~1308) 등을 배출했다. 도미니코회에도 당대를 주도한 알베르투스 마뉴스, 토마스 아퀴나스가 있다. 우리가 다루려는 마이스터 엑카르트도 그중 하나다.

3. 수도원장 · 파리 대학 교수 · 관구장 시기

3.1 수도원장 시기(1294~1298)

정확한 연대를 알 수 있는 마이스터 엑카르트의 생애는 1294년부터 시작된다. 그해 4월 18일, 부활절에 파리 대학 신학부의 『명제집』 강사인 도미니코회 수사 엑카르트Frater Eckhardus가 부활절 설교를 맡았다. 이 '설교'는 오늘날 오스트리아의 베네딕도회 크렘스뮌스터Kremsmünster 수도원 도서관에 소장되어 있는 『파리 설교집 및 강화집』Pariser Sammlung von Predigten und Collationen에 수록되어 있다. 엄격히 따진다면, 이 시기 이전에 속하는 엑카르트의 생애는 그 연대를 거슬러 올라가서 계산해 낸 것이다.[23]

---

[21] ibid., 51ff.　　　　[22] Peter Hawel, op. cit., 352.

[23] Kurt Ruh, Meister Eckhart: Theologe, Prediger, Mystiker, München 1985(²1989), 19-20.

엑카르트가 도미니코 수도회에 입회한 것은 독일 북부 에어푸르트 수도원(1229년 설립)에서였다. 그는 그곳 수도원에서 공부하면서 수련기를 보내고, 아마도 그 후 쾰른의 수도회 대학에서 공부하고 이어서 파리의 대학에서 공부했을 것이다.

엑카르트가 청소년기에 도미니코 수도회에 입회했을 것으로 추정한다면, 그는 아마 1260년경에 태어났을 것이다.[24] 1303년 8월 22일, 아우구스티누스 축일에 파리에서 그는 대학 강사로서 '온갖 보석으로 장식된 순금 그릇'[Vas auri solidum ornatum omni lapide pretioso(집회 50,9)]이라는 제목의 축제 설교를 담당했다. 그 끝에, "호흐하임 출신 마이스터 엑카르트의 입을 통해서 설교된 바를 기록했다"(reportatus ab ore magistri Eckhardi de Hochheim)고 되어 있다. 이로써 그가 독일 호흐하임 출신이라는 사실이 드러난다. 그러나 그 지역이 어디냐에 대해서는 오랜 토론을 거쳐, 오늘날의 고타Gotha에서 남쪽으로 좀 떨어진 탐바흐Tambach로 보고 있다.[25]

엑카르트의 첫 독일어 저서 『강화』講話(Reden der Unterweisung)에, "다음 글은 튀링겐Thüringen 관구장 대리, 에어푸르트 수도원장, 설교 수도회 수도자 엑카르트의 … 강화다"라고 명시되어 있다. 그렇다면 이때 엑카르트는 두 직책을 겸하고 있었던 것이다. 그런데 이미 말한 바와 같이 그는 1294년 4월 18일 부활절에 파리에서 축제 설교를 담당했다. 따라서 그는 1294년 4월 이후부터 에어푸르트 수도원장과 튀링겐 관구장 대리를 겸직한 게 분명하다.

1298년에 개최된 도미니코회 총회에서 수도원장직과 관구장 대리직을 금하는 규정을 결정했다. 수도원장은 당지에 정주定住해야 하고, 관구장

---

[24] ibid., 20.　　　　　　[25] ibid., 21.

대리는 다른 수도원들을 시찰하기 위해 줄곧 여행해야 하기 때문에 겸직은 무리가 있었을 것이다. 그렇다면 엑카르트는 적어도 1298년에는 에어푸르트의 수도원장직을 그만두었던 것으로 짐작된다.[26] 그는 튀링겐의 관구장 대리직만 수행했을 것이다.

당시(1293~1296) 토이토니아 관구의 관구장은 프라이베르크의 디트리히였다. 이렇게 본다면 엑카르트가 『강화』를 저술한 연대는 1294년에서 1298년 사이임이 분명하다.[27]

『강화』(1294~1298)

파리 대학에서 『명제집』을 강의하고 있던 젊은 엑카르트는 에어푸르트 수도원장 직책을 맡게 되었다. 엑카르트는 수도원 지원자들에게 수도생활에 대한 확신을 심어 주기 위해서 라틴어가 아닌 독일어로 영성 강화를 했다. 이것이 엑카르트의 첫 독일어 작품인 『강화』[28]다. 저술 시기는 앞서 말했듯이 1294년에서 1298년 사이다.

이 『강화』는 모든 수도원에서 그러했던 것처럼, '순명' 서원에 대한 강화로 시작된다.

"순명, 그것은 모든 덕행을 넘어서는 덕행이다."

그것은 "자기가 자신으로부터 벗어나는 데 있다. 자신을 전적으로 떠나는 데 있다".[29]

제3장에서는 이 『강화』의 주제인 '놓아두고 있기'(Gelassenheit)에 이른다. 그러기 위해서는 우선 자기 자신으로부터, '자기 자신을 버리고 떠나기'부

---

[26] ibid.　　　　[27] ibid.

[28] DW V, 505-38 현대 독일어 역. 이하 '현역'으로 인용.

[29] DW V, 505.

터 시작해야 한다. 그러면 그것이 왕국이나 온 세상이라 할지라도 쉽게 버릴 수 있게 된다.[30]

그리하여 '버리고 떠나 있기'(Abgeschiedenheit)를 배워야 한다. 어떤 일을 하면서도 '마음이 그에 매여 있지 말아야' 한다. '놓아두고 있어야' 한다.[31]

이렇게 볼 때 이 『강화』를 단지 청년기 저서로만 평가해서는 안 된다. 후에 전개시킬 신비사상의 요소가 이 안에 이미 엿보이고 있다.[32]

3.2 첫 번째 파리 대학 교수 시기(1302~1303)

1302년, 엑카르트는 다시 파리로 파견되었다.

이때 그는 파리 대학에서 '마이스터'Meister(박사학위: 오늘날의 교수 자격에 해당한다) 학위를 획득한다. 이때부터 그를 '마이스터 엑카르트'라 불렀다. 그의 원래 이름은 요한네스Johannes 엑카르트였다.[33]

이 첫 번째 파리 대학 교수 시기의 저서는 세 개의 『문제집』이다. 이 『문제집』에서 엑카르트는 '이성'(intellectus)을 강조한다. 존재보다도 이성을 더 높이 평가한다. 그리하여 "신이 존재하기 때문에 그가 인식하는 것"이 아니라, "신이 인식하기 때문에 그가 존재한다"고 했다.[34] 이것은 당시 '의지'(voluntas)를 우위에 둔 프란치스코회 신학자들과 '이성'을 우위에 둔 도미니코회 신학자들의 대결이기도 했다.

3.3 관구장 시기(1303~1311)

1303년 초여름, 엑카르트가 대학 교수직을 떠나 고향에 돌아왔을 때, 프랑스의 브장송Besançon에서 열린 총회에서는 너무 비대해진 관구들을 분할하

---

[30] DW V, 507.　　　[31] DW V, 530-1.

[32] Kurt Ruh, op. cit., 43.　　　[33] ibid., 22.

기로 결정했다. 토이토니아 관구도 그중 하나였다. 그로부터 새로운 삭소니아 관구가 분할되었다. 이 새로운 삭소니아 관구는 (수녀원을 계산하지 않고도) 47개의 수도원을 산하에 두었고, 지역적으로 일곱 나라(Nation, 오늘날의 주州)를 포함하는 광대한 지역이었다. 그 첫 관구장에 엑카르트가 임명되었다.[35]

그는 에어푸르트의 도미니코 수도원을 관구 본부로 삼았다. 그러나 이 지역에 있던 모든 교회와 수도원은 오늘날 남김없이 파괴되고 말았다. 심지어 수도원 문서고도 종교개혁의 와중에 깡그리 소멸되고 말았다. 그나마 관구장 엑카르트의 공식 편지 하나가 남아 있어서, 그가 실제로 이 지역의 관구장직을 수행했다는 사실을 증명해 주고 있을 뿐이다.[36]

1307년, 슈트라스부르크 총회는 엑카르트에게 새로운 과업을 맡겼다. 그것은 보헤미아 관구에서 총장 서리로서 직무를 수행하는 것이었다.[37]

1310년 슈파이어Speyer에서 프라이베르크의 디트리히 주도하에 열린 토이토니아 관구회의는 엑카르트를 관구장으로 선출했다. 그러나 다음해(1311)에 나폴리에서 열린 도미니코회 총회는 이 선출을 인준하지 않았고 엑카르트를 삭소니아 관구장직에서도 해임시켰다. 엑카르트를 다시 파리 대학 교수로 파견하기 위해서였다.[38]

엑카르트가 두 번째 파리 대학 교수직을 수행했던 1311~1313년은 그의 생애에서 하나의 중요한 분기점을 이룬다.

---

[34] *ibid*., 23.

[35] *ibid*., 25.

[36] *ibid*., 27.

[37] *ibid*., 30.

[38] *ibid*.

4. 두 번째 파리 대학 교수 시기(1311~1313)

4.1 『삼부작』

『삼부작』은 엑카르트의 라틴어 저서 가운데 주저主著에 속한다. 이 『삼부작』에는 철학자·신학자로서의 엑카르트의 면모가 단적으로 드러나 있다. 이 『삼부작』은 엑카르트의 두 번째 파리 대학 교수 시기의 산물이다. 그렇다고 해서, 그 전全 작품이 이 동안에 모두 쓰였다는 말은 아니다. 부분적으로는 첫 번째 파리 대학 교수 시기에 쓰였을 것이고, 또한 그 후에도 이 작품에 계속 손대었을 것이다. 그러나 그 주요 부분과 전체 계획은 이 시기에 이루어졌다.[39] 엑카르트는 독일계 도미니코회 전통, 즉 알베르투스 마뉴스와 프라이베르크의 디트리히 전통을 이어받고 있다.[40]

엑카르트의 이 주저는 부분적으로만 전해 오고 있을 뿐이다. 이는 그의 단죄 사건과 무관하지 않다. 그러나 더 큰 이유는 그 저서가 미완성품이었다는 사실에 있다. 이 『삼부작』의 사본(사본 C)은 니콜라우스 쿠사누스Niko-laus von Kues(1401~1464)가 발견하여 학계의 주목을 받았다. 이 『삼부작』은 새롭고 독자적으로 작업된 '신학대전'神學大全(Summa Theologica)이다.

여기서 엑카르트는 전통적인 '대전'의 형태를 벗어났다는 사실이 중요하다. 당시 파리의 신학자들에게 전통적인 신학대전(이것은 백과전서적인 것이었다)의 형태를 받아들이는 것이 규범처럼 되어 있었다. 엑카르트는 이러한 전통과 결별한다.[41]

---

[39] *ibid.*, 72.

[40] 프라이베르크의 디트리히 전집(Dietrich von Freiberg, *Opera omnia*, hrsg. von Kurt Flasch, Hamburg 1977~1985)이 이미 완간되었고, 알베르투스 마뉴스의 새로운 전집(*Alberti Magni opera omnia*, hrsg. von Institutum Alberti Magni Coloniense, B. Geyer praeside, Aschendorf 1951ff)도 출간 중이다.

『삼부작』의 '전체 서문'(Prologus generalis)[42]에 보면, 이 저서는 첫째 부분이 여러 기본 명제를 다루는 『명제집』*Opus Propositionum*, 둘째 부분이 개별 문제들을 다루는 『문제집』*Opus Quaestionum*, 셋째 부분이 구약과 신약 성경의 구절들에 대한 『주해집』*Opus Expositionum*으로 계획되었다. 여기서 셋째 부분인 『주해집』은 모든 성경 구절을 차례로 다루지 않고 중요한 구절들을 가려내어 해설해 나가면서, 한편으로는 설교로 해설하고 있어서 『설교집』의 형태를 띤다.

엑카르트는 여기서 이렇게 말한다. "다음의 명제, 문제 그리고 해설(주해) 중 어떤 것은 일견, 해괴망측하고 의심스러우며 오류로 보일 것이다. 그러나 좀 더 자세히, 좀 더 힘들여 살펴보면 그렇지 않다는 사실에 주의해야 한다."[43]

그는 『삼부작』의 '단일성'을 강조하면서, '문제'와 '해설'(주해)은 그때마다 하나의 '명제'에 속하는 것이어서 그들을 따로 떼어 이해하려는 시도는 큰 도움이 되지 못한다고 말한다.

가령, '존재는 신이다'(Esse est Deus)라는 '명제', '신은 존재하는가?'(Utrum deus sit?)라는 '문제', 그리고 '태초에 신은 하늘과 땅을 창조했다'(In principio creavit deus caelum et terram)라는 '해설'은 함께 살펴야 한다는 것이다.[44]

이처럼 뚜렷하고 분명하게 계획된 철학적 · 신학적 주저 『삼부작』은 일부만 전해져 올 뿐이다. 『명제집』은 '전체 서문'을 제외하고는 흔적을 찾을 수 없다. 그것은 천여 개의 '명제'를 다룰 계획이었다.

---

[41] Kurt Ruh, *op. cit.*, 73.

[42] *LW* I-1, 148-65.

[43] *LW* I-1, 152.

[44] *LW* I-1, 156-65.

상황은 『문제집』도 마찬가지다.

『주해집』으로는 『창세기 주해서』, 『탈출기 주해서』, 『창세기 비유 주해서』, 『지혜서 주해서』, 그리고 『요한 복음 주해서』가 전해 오고 있다. 『주해집』의 둘째 부분이라 할 수 있는 『설교집』도 전해져 온다.

따라서 현재로서는 엑카르트가 원래 계획한 『삼부작』의 상호 관계(명제 · 문제 · 해설)를 알아낼 길이 없다.[45]

이렇게 방대한 『삼부작』을 계획하게 된 엑카르트의 의도는 그의 『요한 복음 주해서』 서문에 잘 드러나 있다.

저자의 '의도'는 그리스도교 신앙의 가르침과 성경의 가르침을 철학자들이 제시하는 이론을 빌려 해석하는 것이었다.[46]

쿠르트 플라쉬는, 엑카르트의 의도가 '성경의 진리'를 철학적으로 논증함으로써 이렇게 해석된 성경이 모든 '철학적 인식의 총화'라는 사실을 제시하는 데 있다고 본다.[47]

엑카르트는 하나의 새로운 '이성 개념'을 통해서 철학자들의 신과 그리스도교의 신을 하나로 결합시키려 했다.[48] 이를 통해 그는 '자연적인 빛'[Lumen naturale(이성)]과 '초자연적인 빛'[Lumen supernaturale(계시)]을 구별하는 스콜라 철학의 입장을 떠나고 있었다.

4.2 주제들

『삼부작』의 주제들은 엑카르트가 『명제집』에서 다루려 했던 열네 개의 논고에서 발견된다. 그중 몇 개를 살펴보자.[49]

---

[45] Kurt Ruh, *op. cit.*, 74.

[46] *LW* III, 4.

[47] Kurt Flasch, *op. cit.*, 171ff.

[48] Kurt Ruh, *op. cit.*, 76-7.

[49] *LW* I-1, 150-1.

첫째 논고는 '있음'(存在, esse)과 '있는 것'(存在者, ens) 그리고 그 반대인 '없음'(無, nihil)을 문제 삼는다.

둘째 논고는 '하나임'(一性, unitas)과 '하나인 것'(一者, unum) 그리고 그 반대인 '여럿인 것'(多者, multum)을 문제 삼는다.

셋째 논고는 '참됨'(眞性, veritas)과 '참된 것'(眞者, verum) 그리고 그 반대인 '거짓된 것'(僞者, falsum)을 문제 삼는다.

넷째 논고는 '좋음'(善性, bonitas)과 '좋은 것'(善者, bonum) 그리고 그 반대인 '나쁜 것'(惡者, malum)을 문제 삼는다.

전체적으로 보면, 이 목록은 '하나의 형이상학'이다.

첫 네 개의 논고들은 '있음'과 그 초월 개념들, 즉 '하나임', '참됨' 그리고 '좋음'을 문제 삼는다. 이들은 엑카르트 형이상학의 핵심으로, 『명제집』에서 가장 중요한 위치를 점한다.[50]

나아가 엑카르트의 『주해집』에서 시종일관 변치 않는 것은, '신은 있음(存在)이다'(Deus est esse)라는 주제다. 『명제집』에서는 말마디의 자리가 바뀌어, '있음(存在)은 신이다'(Esse est Deus)로 되어 있다.

그런데 『삼부작』에 대한 저자의 의도를 감안한다면, 명백히 '있음은 신이다'라는 명제가 문제다. 이것은 '있음'의 문제이며, 이러한 '있음'의 문제가 『명제집』의 출발점이 된다. 그것은 『삼부작』 전체를 규정한다.[51]

4.3 기본 명제들

엑카르트는 『명제집』 '서언'에서, 우선 '있음 자체'(存在自體, esse absolute et simpliciter)와 '이것 또는 저것으로서의 있음'(存在者, esse hoc et hoc)을 구별한

---

[50] Kurt Ruh, *op. cit.*, 79.   [51] *ibid.*, 79-80.

다. 같은 방법으로, '하나인 것 자체'(unum absolute)와 '이러저러한 하나인 것'(unum hoc et hoc), '참된 것 자체'(verum absolute)와 '이러저러한 참된 것'(verum hoc et hoc) 그리고 '좋은 것 자체'(bonum absolute)와 '이러저러한 좋은 것'(bonum hoc et hoc)을 구별한다.[52]

이어서 네 개의 기본 명제를 제시한다.[53]

첫째 명제: 오직 신만이 본격적인 의미에서 '있는 것'(ens), '하나인 것'(unum), '참된 것'(verum), '좋은 것'(bonum)이다.

다른 모든 것은 '이러한 있는 것'(ens hoc)이다. 예컨대 돌멩이, 사자, 사람 등이다. 그것들은 '이러한 하나인 것'(unum hoc), '이러한 참된 것'(verum hoc), '이러한 좋은 것'(bonum hoc)이다. 예컨대 좋은 돌, 좋은 사자, 좋은 사람 등이다.

둘째 명제: 모든 것은 '오직 신으로부터'만이 그 '있다는 것'(esse), '하나라는 것'(unum esse), '참되다는 것'(verum esse), '좋다는 것'(bonum esse)을 받는다.

셋째 명제: 모든 그리고 개별적인 '있는 것'은, 그 '있음', '하나임', '참됨', '좋음'을 오직 신으로부터 받을 뿐 아니라, 신으로부터 '직접 그 어떤 중계자도 없이' 받는다.

넷째 명제: 따라서 '있음' 밖에서는, '있음'을 떠나서는 그 어떠한 것도 없다. 그것은 '없음'이다. '그런데 신은 있음이다.'

엑카르트에 의하면, 신만이 본격적인 의미에서 '있다'. 그만이 '하나'이고 '참되'며 '좋다'. 그 외에는 그 어떠한 것도 그 자체로 볼 때 '없다'. 그들은 '하나'이지도 '참되'지도 '좋지'도 않다. 그들은 '무'다.[54]

---

[52] *LW* I, 166-8.

[53] *LW* I, 170-5.

[54] Kurt Ruh, *op. cit.*, 81.

바로 여기서 엑카르트는 전통적 유비로부터 일의성으로 넘어가고 있다.[55] 엑카르트는 유비와 일의성을 '서로 맞물려 있는 것'으로 알아듣는다. 여기, 바로 여기에 엑카르트 사유의 핵심이 있고 엑카르트를 둘러싼 논쟁의 핵심이 있다.[56]

5. 슈트라스부르크 시기(1313~1322)

1313년 여름, 엑카르트는 파리 대학을 떠난다. 그런데 자기가 속한 삭소니아 관구가 아니라, 토이토니아 관구에 속한 슈트라스부르크로 파견된다.[57] 1300년경 이 토이토니아 관구에는 65개의 도미니코회 수녀원이 있었다. 그에 비하여, 도미니코회의 나머지 17개 관구에 있는 수녀원들은 모두 합해서 76개뿐이었다. 이것이 엑카르트가 왜 자기 관구가 아닌 다른 관구에 파견되었는지를 말해 준다.

토이토니아 관구, 특히 남서 지역에서는 수녀원을 돌보는 것이 대단히 긴박한 일이었다. 그리하여 관구장 민덴의 헤르만Hermann von Minden은, 이 지역의 설교를 위해서는 유능하고 경험 많고 학식 풍부한 수도자가 파견되어야 한다고 결정했다.[58]

이 지역 여러 수녀원에서는 높은 수준의 영성이 싹트고 있었다. 가난을 높이 평가하여 많은 수도자가 가난을 철저히 실천하고 있었다.

'고행'苦行은 종교적 수행 자체였다.[59] 이러한 분위기 속에서 엑카르트는 자기 설교를 받아들일 토대가 마련되어 있다는 사실을 발견하는 한편, 그

---

[55] *ibid.*, 85. [56] *ibid.*

[57] *ibid.*, 108. [58] *ibid.*, 109.

[59] *ibid.*, 110.

들의 지나친 고행과 자신의 의지를 소멸시키려는 갖은 노력(또 하나의 의지)에서 문제점을 발견하기도 했다.[60]

5.1 『신적 위로의 서』

1308년 5월, 합스부르크 가家의 알브레히트 1세Albrecht I. von Habsburg가 조카인 슈바벤의 요한 공Herzog Johann von Schwaben에게 암살되었다.[61]

그 뒤 엘리사벳(†1313) 왕후와 그녀의 딸 아녜스(1281~1364. 1301년에 죽은 헝가리 왕 안드레아스 3세의 왕후)는, 거기서 멀지 않은 쾨니히스펠덴Königsfelden에 성당과 그에 딸린 프란치스코회 수도원과 글라라회 수녀원을 세웠다. 이 성당은 합스부르크 가의 영묘靈廟로 세워진 것이다. 그리고 아녜스 왕후는 수녀원 담 밖에 따로 살면서, 거의 반세기 동안 수녀원을 후원했다.[62]

아녜스 왕후를 위해 엑카르트는 『신적神的 위로慰勞의 서書』Das Buch der göttlichen Tröstung[63]를 썼다. 설교 『고귀한 사람』Vom edlen Menschen[64]은 이 저서에 속한 것이다. 이 설교는 '읽을거리로서의 설교'다. 엑카르트는 아마 이 '설교'를 『신적 위로의 서』와 함께 사자使者를 통해 아녜스 왕후에게 전달했을 것이다.[65]

물론 아녜스 왕후에게는 위로가 필요했다. 그럼에도 엑카르트가 『신적 위로의 서』와 『고귀한 사람』을 저술한 동기는, 그녀의 고통과 시련을 위로할뿐더러 보편적인 고통과 시련을 문제 삼기 위한 것이었다.

『신적 위로의 서』의 저술 연대는 지금까지 불확실하다. 아마 엘리사벳 왕후가 죽고 한참 뒤에 저술되었을 것이다. 어머니의 유해를 쾨니히스펠

---

[60] *ibid.*, 111.

[61] *ibid.*, 115.

[62] *ibid.*

[63] *DW* V, 471-97.

[64] *DW* V, 471-97.

[65] Kurt Ruh, *op. cit.*, 115-6.

덴에 이장한 아녜스 왕후가 글라라회 수녀원 옆에 살기 시작한 즈음(1318)이다. 내용으로 보아 『신적 위로의 서』는 엑카르트의 두 번째 파리 대학 교수 시기(1311~1313)를 전제해야 한다. 파리 대학 교수 시기에 저술한 『삼부작』의 내용을 『신적 위로의 서』에서 독일어로 더 명백히 표현했다고 보아야 하기 때문이다.[66]

엑카르트는 『신적 위로의 서』를 세 부분으로 다룬다.

첫째 부분은 고통과 시련 속에서도 참으로, 온전히 위로받을 수 있다는 진리를 설명한다. 둘째 부분은 그에 대한 30여 개의 근거를 제시한다. 그리고 셋째 부분은 현명한 사람들이 고통 중에서 남긴 말과 행위를 모범으로 제시한다.

핵심은 첫째 부분에 있다. 엑카르트는 여기서, 그가 『삼부작』에서 작업해 낸 '하나의 형이상학'을 고통 받는 사람을 위로할 수 있는 토대로 제시한다.[67]

그는 마치 하나의 신학적 논고를 다루듯 시작한다. '무엇보다 먼저 우리는 알아야 한다.' 이것은 일반적인 설교 투가 아니다. 강의 투다.[68]

무엇보다 먼저 '슬기로운 사람'(der Weise)과 '슬기로움'(die Weisheit), '참된 사람'(der Wahre)과 '참됨'(die Wahrheit), '옳은 사람'(der Gerechte)과 '옳음'(die Gerechtigkeit) 그리고 '좋은 사람'(der Gute)과 '좋음'(die Gutheit)이 서로 관련되어 있다는 사실을 알아야 한다.

'좋음'은 창조되지도 않았고, 만들어지지도 않았으며, 태어나지도 않았다. 그러나 그것은 낳는 것이어서 좋은 사람을 낳는다.

---

[66] *ibid.*, 117.

[67] *DW* V, 471; Kurt Ruh, *op. cit.*, 119.

[68] Kurt Ruh, *ibid.*

'좋은 사람'은, 그가 좋은 한에 있어서, 만들어지지도 않았고 창조되지도 않았다. 그러면서도 그는 '태어난 아이'이며, '좋음의 아들'이다.

'좋음'은 자기 자신을, 그리고 바로 그것이 되게 하는 모든 것을 '좋은 사람' 속으로 낳는다. 즉, 그것은 '있다는 것'(동사적 의미), '안다는 것', '사랑한다는 것', '활동한다는 것'을 '선한 사람' 속으로 모두 쏟아 붓는다.

'좋은 사람'은 '있다는 것', '안다는 것', '사랑한다는 것', '활동한다'는 것을 남김없이 '좋음'의 한가운데로부터 그리고 그 가장 깊은 곳으로부터 받아들인다.

그것들을 '좋음'으로부터만 받아들인다.[69]

엑카르트가 여기서 표현하는 것은 '신적인 것'과 '피조물적인 것' 사이의 유비다. 그는 이러한 유비를 초월 개념 중 하나인 '좋음'을 예로 표현한다. 이러한 초월 개념으로서의 '좋음'은, 전통적 스콜라 철학에 의하면 '신'과 동일하다.

엑카르트는 이러한 것을 『삼부작』에서 작업해 내고 있다.[70]

'제1 원인'으로서의 '신'은 창조되지도 않았고 만들어지지도 않았으며 낳아지지도 않았다. 그러나 그는 '낳는 것'이며, '자기를 쏟아 붓는 것'이어서, 그가 바로 그인 모든 것을 쏟아 붓는다. '좋은 사람'은 이러한 신적 본질을 통째 자기 속에 받아들인다. 물론 그가 좋은 한에서만 그러하다.

그는 그러한 한에서, 창조된 것이 아니라, 좋음의 '낳아진 아이'이며 '낳아진 아들'이다.

'낳아진 아이'와 '낳아진 아들'이라는 표현을 통해서, '좋은 사람'(인간)과 '좋음'(신)의 차이가 나타난다.[71]

---

[69] *DW V*, 471. [70] Kurt Ruh, *op. cit.*, 119.

[71] *ibid.*, 120.

엑카르트에 의하면, '좋은 사람'과 '좋음'은 '하나의 좋음' 외에 다른 것이 아니다. 그리하여 '낳는다는 것'과 '낳아진다는 것'을 제외하면, 모든 면에서 전적으로 하나다.

'좋음'의 낳는다는 것과 '좋은 사람'의 낳아진다는 것은 전적으로 '있다는 것'이며 '산다는 것'이다.

'좋은 사람'에게 속하는 모든 것, 그것을 그는 '좋음으로부터' 받으며, '좋음 속에서' 받아들인다. 그는 그 속에 '있고', '살고', '머문다'.[72]

여기서 '낳는다는 것'과 '낳아진다는 것'이 전적으로 '하나'라는 말을 통해 엑카르트는 유비에서 일의성으로 넘어간다.[73]

엑카르트는 그 근거를 요한 복음에 둔다. 요한 복음(14,10; 5,17)은 아버지와 아들의 동일성에 대해서 말한다. '삼위일체적 아버지-아들'의 관계는 '좋음-좋은 사람'의 동일성에 있어서 모델이 된다.

엑카르트는 말한다. "방금 내가 좋은 사람과 좋음에 대해서 말한 그 모든 것은, 참된 사람과 참됨, 옳은 사람과 옳음, 슬기로운 사람과 슬기로움 그리고 아들-신과 아버지-신에 대해서도 그대로 타당하다."[74]

엑카르트는 여기서 '좋은, 참된, 옳은, 슬기로운 사람'이 본성적으로 '신 자체'인 것은 아니라는 사실을 강조한다.

그 사람은 자신의 형상으로부터 벗어나서, 자신을 신의 형상으로 변형시켜야 한다. 그리하여 신 속에서 신으로부터 태어나야 한다. 그리고 난 후에 비로소 그에게 '아들 됨의 동일성'이 주어진다.[75]

'자기 형상'에서 벗어나 '신의 형상'으로 변형되는 데는, 그에 이르는 활동들이 필요하다. 엑카르트는 이러한 활동들을 『신적 위로의 서』의 둘째

---

[72] *DW* V, 471-2.   [73] Kurt Ruh, *op. cit.*, 120.

[74] *DW* V, 472.   [75] *DW* V, 473.

부분에서 길게 다룬다. 그리고 이 부분을 '모든 피조물적인 것으로부터 벗어나는 것'이 주제인 초기 저서 『강화』와 연결시킨다.[76]

자신의 형상으로부터 벗어나 자신을 신의 형상으로 변형시킴으로써, 신속에서, 신으로부터 태어나야 한다. 그렇게 될 때 '신'은 '인간'과 함께 고통과 시련을 당한다.

이러한 진리를 통해 온갖 고통과 시련 속에서도 위로받을 수 있다는 것이 『신적 위로의 서』의 가르침이다.

『신적 위로의 서』는 엑카르트가 『삼부작』에서 전개한 '신론'을 새롭게 발전시킨 것이다.[77]

훗날 쾰른의 검열관들은 엑카르트의 이러한 가르침을 이단시한다. '유비 개념'을 척도로 삼던 검열관들에게는 신과 인간 사이의 경계가 애매했던 것이다.[78]

쾰른의 검열관들은 엑카르트가 그러한 고차원의 가르침을 배우지 못한 사람들 앞에서 가르쳤다는 사실을 비난했다. 엑카르트는 이에 맞서, 배우지 못한 사람을 가르치기 위해서라도, 그리고 바로 그 때문에 가르치고 책을 쓰는 것이 아니냐고 응수했다.[79] 어떻든 『신적 위로의 서』는 엑카르트에 대한 이단 심문의 도화선이 되었다.[80]

5.2 『고귀한 사람』

『고귀한 사람』은 루카 복음 19장 12절에 대한 설교다. 그것은 '어떤 고귀한 사람이 먼 지방으로 가서, 나라를 차지하고 돌아왔다'는 내용이다.

---

[76] Kurt Ruh, *op. cit.*, 121.

[77] *ibid.*, 127.   [78] *ibid.*

[79] *ibid.*, 126.   [80] *ibid.*, 127.

1318년, 아녜스 왕후는 어머니 엘리사벳 왕후의 유해를 쾨니히스펠덴으로 이장한다. 이때부터 (수녀원 안에 살지는 않았지만) 그녀의 수도 생활이 시작된다. 설교 『고귀한 사람』은 이 사건을 암시하고 있다. '어떤 고귀한 사람'(아녜스 왕후를 비롯한 모든 사람)이 '낯선 지방으로' 가서, 거기서 '나라'를 차지했다는 것이다.[81]

『신적 위로의 서』가 높고 추상적인 이론 영역에서 시작하여 낮고 구체적인 실천 영역으로 내려오는 하강의 길을 걷는 반면, 『고귀한 사람』은 경험할 수 있는 구체적 실천에서 시작하여 신적인 것과 하나 되는 상승의 길을 걷는다.

엑카르트는 이 설교에서 인간을 '외적 인간'(der äußere Mensch)과 '내적 인간'(der innere Mensch)으로 구분한다. '외적 인간'이란 옛날, 지상의, 노예적 인간이다. '내적 인간'이란 새로운, 천상의, 고귀한 인간이다.

'내적 인간'이 신에게 이르는 길을 엑카르트는, 아우구스티누스를 따라, 인간이 자신의 형상을 벗어나 신의 형상으로 변화하여 신의 아들이 되는 과정이라고 말한다.[82]

엑카르트에 의하면, '고귀한 사람'이 '간다'는 것, '본고장을 떠난다'는 것은, 그가 모든 형상으로부터, 자기 자신으로부터 떠난다는 것을 뜻한다. 그가 참으로 '아들'을 얻으려면, 그리고 아들이 되려면, 그들로부터 멀리 아주 멀리 떠나야 한다.[83]

그리하여 '고귀한 사람'은 그 존재와 생명과 행복을 오로지 신으로부터, 신에 의해서 그리고 신 속에서 얻어 낸다.[84]

---

[81] *ibid.*, 129. 　　[82] *DW* V, 499-500.

[83] *DW* V, 501. 　　[84] *DW* V, 503.

끝으로 그는 '하나'를 강조하면서 열정적인 설교를 마친다.

'하나와 더불어 하나',

'하나로부터 하나',

'하나 속에서 하나' 그리고

'영원히 하나 속에서 하나'. 아멘.[85]

5.3 독일어 『설교집』

오늘날 엑카르트 연구의 중대 과업은 그의 설교들을 연대순으로 정리해 내는 일이다. 물론 이것은 제한적으로만 가능하다.

엑카르트의 설교 시기는 다음과 같이 구분할 수 있다.

첫째, 『강화』를 전후한 초기 설교들.

둘째, 관구장 시기의 설교들.

셋째, 슈트라스부르크와 쾰른 시기의 설교들.[86]

여기서 문제 되는 것은 '셋째 시기의 설교들'이다. 직접적·간접적 장소 제시를 통해 설교 12-15와 22가 쾰른 시기에 속한다는 사실은 확실하다. 그리고 현존하는 엑카르트의 설교 대부분이 슈트라스부르크 시기에 속한다는 사실도 거의 확실하다. 이 시기는 직책상으로도 본격적 '설교가'로 활동한 시기이기 때문이다.[87]

엑카르트는 자신의 설교에 있어 가장 중요한 '주제'를 설교 53의 서두에서 제시한다.[88]

---

[85] *DW* V, 504.

[86] *ibid.*, 136.

[87] *ibid.*

[88] *DW* II, 732.

"나는 설교할 때 언제나 첫째, '버리고 떠나 있기'에 대해서 말하려고 한다. 인간은 자기 자신과 모든 사물로부터 떠나서 자유로워져야 한다.

둘째, 인간은 단순한 선성인 신 속으로 되돌아가 그와 하나의 형상을 이루어야 한다는 사실에 대해서 말하려고 한다.

셋째, 인간은 신이 영혼 속에 넣어 준 위대한 고귀성에 대해서 생각해야 된다는 사실, 그리고 그것을 토대로 놀라운 방법으로 신에게 이를 수 있다는 사실을 말하려고 한다.

넷째, '신적 본성'(神性)의 순수함에 대해서, 그리고 그 속에 있는 빛나는 광채는 말로 다 할 수 없다는 사실에 대해서 말하려고 한다.

마이스터 엑카르트의 설교 53에 드러난 이 설교 계획은 그의 설교 전체뿐 아니라 저서 전체를 이해하는 데 길잡이가 된다.

이제 마이스터 엑카르트의 신비사상을 독일어 설교 52와 설교 2를 중심으로 집중적으로 살펴보겠다.

1. '버리고 떠나 있기'(설교 52)

마이스터 엑카르트가 평생을 두고 가르친 것은, 인간이 모든 사물과 자기 자신으로부터 벗어나 그로부터 자유로워지는 것이었다. 그것을 '버리고 떠나 있기' 또는 '놓아두고 있기'라고 한다.

'가난의 설교'(Armutspredigt)라 일컬어지는 설교 52 '마음으로 가난한 사람은 행복하다'(Beati pauperes spiritu)에서 엑카르트는 비정통성의 밑바닥에까지 이르고 있다. 그것은 거의 도전적으로 보인다.[89]

가난 문제는 엑카르트가 대단히 강조하는 주제다. 그를 사로잡았던 주

---

[89] Kurt Ruh, *op. cit.*, 158.

제임이 분명하다. 실제로 이 가난 문제는 당시 열띤 토론을 불러일으켰고 수많은 이단을 야기시켰다.

엑카르트는 가난에 대해서 다음과 같이 말한다.

"아무것도 원하지 않고, 아무것도 알지 않고 그리고 아무것도 가지지 않은 사람, 그가 가난한 사람이다."[90]

"첫째, 아무것도 원하지 않는 사람, 그가 가난한 사람이다."

"어떤 사람이 신의 뜻을 채우는 데 자기 뜻(의지)을 두는 식으로 처신한다면, 그는 우리가 말하는 가난을 가지고 있지 않다. 왜냐하면 이 사람은 그것을 가지고 신의 뜻을 만족시키려는 뜻을 (아직) 가지고 있기 때문이다. 그것은 올바른 가난이 아니다. 인간이 참으로 가난해지려 한다면, 자기 뜻으로부터 벗어나야 한다.

그는, 그가 (아직) 존재하지 않았던 때처럼, 그렇게 되어야 한다. 영원한 진리에 의거해서 말하거니와, 너희가 신의 뜻을 채우려는 뜻을 가지고 있는 한, 영원과 신에 대한 갈망을 가지고 있는 한, 너희는 (아직) 제대로 가난하지 않다. 아무것도 원하지 않고 아무것도 갈망하지 않는 사람, 오로지 그만이 가난하기 때문이다."[91]

"둘째, 아무것도 알지 않는 사람, 그가 가난한 사람이다."

"우리는 때때로 인간이 자기를 위해서도, 진리를 위해서도, 신을 위해서도 살지 말아야 한다고 말해 왔다. 그러나 이제 우리는 그것을 다르게 말한다. 그리고 그것을 넘어서서 말한다.

가난해지려는 사람은, 자기 자신을 위해서 사는지, 진리를 위해서 사는지, 신을 위해서 사는지 (전혀) 모르는 상태에서 살아야 한다. 그는 모든

---

[90] *DW* II, 727.　　　　[91] *DW* II, 727-8.

앎(지식)에서 벗어나 전적으로 자유로워져야 한다.

그리하여 그는 신이 자기 속에 살고 있는지조차 알지 못하고, 깨닫지 못하며, 느끼지 못해야 한다. ⋯ 그리하여 인간은, (아직) 존재하지 않았던 때 그러했던 것처럼, 자신의 앎으로부터 벗어나 자유로워져야 한다."[92]

"셋째, 아무것도 가지지 않은 사람, 그가 가난한 사람이다."

"많은 사람이 세상의 물질적 사물을 아무것도 가지지 않는 것을 가난이라고 말한다. 그러나 이것은 내가 말하려는 것이 아니다."

"내가 (이미) 때때로 말해 왔고 위대한 스승들도 말한 바 있다. 인간은, (외적인 것이든 내적인 것이든) 모든 사물과 모든 행위로부터 벗어나 자유로워져야 한다고 말해 왔다. 하여 그 자신이, (바로) 그 속에서 신이 활동할 신의 장소가 되어야 한다고 말해 왔다."

"그러나 이제는 다르게 말한다. 그것(신의 장소)이 인간 속에 남아 있는 한, 인간은 (아직) 가난하지 않다. 가난의 가장 본질적인 의미에서 그는 가난하지 않다. ⋯ 신은 스스로 자기 활동의 장소다. 그리고 그 속에서 그는 활동하는 활동자다."

"바로 여기, 이러한 가난 속에서 인간은 (새삼) 영원한 존재가 된다. 그는 이전에 그러한 존재였고, 이제 그러한 존재가 되었고, 그리고 항상 그러한 존재로 남아 있을 것이다."[93]

엑카르트는 계속해서 말한다.

"나는 신이 나를 그로부터 벗어나게(자유롭게) 해 달라고 청한다. 나의 본질적인 (참된) 존재는 신을 넘어서 있기 때문이다. 우리가 그를 피조물의 원인으로 파악하고 있는 한, 그러한 신을 넘어서 있기 때문이다."

---

[92] *DW* II, 728-9.   [93] *DW* II, 729-30.

"모든 존재와 모든 구별을 넘어서 있는 그러한 신의 존재 속에, 바로 그 속에 내가 있었다."

"나는 나 자신과 모든 사물의 원인이었다. 그리하여 내가 만일 원했더라면, 그렇다면 나도 없었을 것이고 모든 사물도 없었을 것이다. 그런데 내가 없었더라면, 그렇다면 '신'(우리가 이렇게 저렇게 파악하는 신)도 없었을 것이다. 신이 '신'으로 되는 것은 내가 그 원인이다. 만일 내가 없었더라면, 그렇다면 신은 '신'이 아니었을 것이다."[94]

엑카르트는 덧붙여 말한다.

"어떤 위대한 스승은 인간의 '돌파'突破(Durchbrechen)가 인간의 '유출'流出(Ausfließen)보다 더 고귀하다 했다. 그것은 참이다."

"내가 신으로부터 흘러나왔을 때, 모든 사물은 '신이다'라고 말했다. 그러나 그것은 나를 행복하게 만들 수 없다. 왜냐하면, 이때 나는 '내가 피조물'이라고 고백해야 되기 때문이다."

"그에 비하여 '돌파'의 경우는 사정이 전혀 다르다. 이때 나는 나의 의지로부터 벗어나 서 있다. 그리고 신의 의지로부터도 벗어나 서 있다. 나는 모든 신의 작품으로부터 벗어나 서 있다."

"거기서 나는 '신'도 아니고 '피조물'도 아니다. 거기서 나는, '이전에 그러했던 나'가 되고, '이제와 영원히 남아 있을' 나가 된다."[95]

"나는 이러한 '돌파' 속에서 나와 신이 하나 되는 경지에 이른다. 이것이 '가장 내면적인 가난'이다."[96]

엑카르트가 말하는 '어디에도 매여 있지 않고 자유로워진다는 것', 그것

---

[94] *DW* II, 730.

[95] *DW* II, 730-1.

[96] *DW* II, 731.

은 철저하여 그 끝을 모른다. 엑카르트는 이러한 생각을 고유한 말마디로 '버리고 떠나 있기', 때로는 '놓아두고 있기'라고 표현한다.

모든 것을 '버리고 떠나 있고' '놓아두고 있는' 사람에게 '왜 사느냐?'고 묻는다면, '살기 위해서 산다'고 대답할 것이라 한다. '이 일을 왜 하느냐?'고 묻는다면, '이 일을 하기 위해서 이 일을 한다'고 대답할 것이라 한다.[97]

엑카르트 스스로 하나의 내적 체험을 하고 있었다는 사실은 '설교'와 '논고'에서 간접적으로 드러난다.

"여러분이 내 마음 같다면 내가 말하는 것을 이해할 수 있을 것이다. 그것이 진실이기 때문이다. 진리 자체가 그것을 말하기 때문이다."[98]

"내가 여러분에게 말한 것, 그것은 진리다. 나는 그것을 위해 여러분에게 진리를 증인으로 내세운다. 그리고 내 영혼을 담보로 내놓겠다."[99]

'가난의 설교' 말미에서 엑카르트는 이렇게 말한다.

"이 말을 알아듣지 못하는 사람도 마음속으로 걱정할 필요가 없다. 사람이 (설교를 통해서 전해진) 이 진리와 같아지지 않는 한, 이 말을 알아들을 수 없기 때문이다. 이 말은 신의 마음속에서 직접 흘러나온 감추어져 있지 않은 진리이기 때문이다."[100]

『신적 위로의 서』에서도 "내가 말하는 것 그리고 내가 쓰는 것, 그것이 내 속에서 그리고 신 속에서 참이라면, 나는 그로써 족하다"[101]라고 한다.

이러한 표현들은 엑카르트가 스스로 하나의 '신비적 체험'을 했다는 사실을 감추면서도 고백하는 것이라 하겠다.[102]

---

[97] *DW* I, 450-1.   [98] *DW* I, 437.

[99] *DW* I, 438.   [100] *DW* II, 731.

[101] *DW* V, 497.   [102] Kurt Ruh, *op. cit.*, 191.

2. '영혼 속에 신의 탄생'(설교 2)

'사물에 매여 있지 않고 그로부터 떠나 있다는 것', 그것 자체가 신비사상이 되는 것은 아니다. '자기 자신에 매여 있지 않고 그로부터 전적으로 자유로워져 있다는 것', 그것 자체가 신비사상이 되는 것은 아니다.[103]

엑카르트에 의하면, '매여 있지 않고 자유로워져 있다는 것', 그것이 '풍요롭게 열매 맺는다는 것'으로 건너갈 때, 그때 비로소 신비사상이 된다.[104]

설교 2에서 엑카르트는 루카 복음 10장 38절을 신비적으로 해설한다.

"예수 그리스도가 어떤 작은 성읍에 들어갔다. 아내인 처녀가 그를 받아들였다."

"예수를 받아들인 그 사람은 '한 처녀'다. 그리고 '처녀'여야 한다.

'처녀'란, 모든 낯선 상像들로부터 벗어나 있는 사람이다. 그가 아직 존재하지 않았던 그때, 그가 그러했던 것처럼, 그렇게 모든 낯선 상으로부터 벗어나 있는 사람이다."

그러나 한 번 태어나서 이성적 삶을 통해 많은 것을 배운 나머지 많은 상을 (자기 속에) 가지고 있는 사람이, 어떻게 그가 아직 존재하지 않았던 그때처럼, 그렇게 모든 상으로부터 벗어날 수 있는가?

그 대답은 이러하다.[105]

"내가, 일찍이 모든 사람이 자기 속에 받아들인 모든 상과 이에 더하여 신 자신 속에 존재하는 모든 상을 내 이성 속에 가지고 있다 할지라도, 내가 이들 상에 나를 잡아매어 두지 않고, 이들로부터 자유로워진다면, 그리고 이들 상 중에 그 어느 것도 나의 것으로 움켜쥐고 있지 않다면, 그리하

---

[103] *ibid.*, 193.

[104] *ibid.*

[105] *DW* I, 434.

여 그들 상으로부터 자유로워지고 벗어나 있다면, 그렇다면 나는 '처녀'가 되는 것이다. 그리고 확실히 나는, 내가 존재하지 않았던 그때 그러했던 그대로의 나가 되는 것이다."

"'처녀인 사람'은, 그가 행했던 '모든 업적들'에 집착하지 않는다. 그는 이들을 그대로 놓아둔다.[106] 그리하여 그는 자유롭고 이들로부터 벗어나 있다."[107]

"그러나 줄곧 '처녀'로만 남아 있다면 결코 '아이'를 낳지 못한다. 따라서 아이를 낳기 위해서는 '아내'가 되어야 한다."

"'아내'라는 이름은 우리가 영혼에 부여할 수 있는 가장 고귀한 이름이다. 그것은 '처녀'라는 이름보다 훨씬 더 고귀한 이름이다."[108]

"인간이 신을 자기 자신 속에 받아들인다는 것은 좋은 일이다. 이러한 '받아들임' 때문에, 그는 '처녀'다.

신이 인간 속에서 '풍요로워진다는 것'은 더 좋은 일이다. 아내가 아이를 낳듯이, 그렇게 인간이 '아버지-신' 속에서 '아들-신' 예수를 '다시 낳는다'는 것은 더 좋은 일이다."[109]

"그 사람의 '처녀성'은 그에게 쓸모없는 것이 된다. 왜냐하면 '처녀성'은 자기를 넘어서서 '아내'의 '풍요성'에 이르지 못하기 때문이다. 바로 그 때문에, 예수가 어떤 '성읍'에 들어갔고 어떤 '아내인 처녀'가 그를 '받아들였다'고 내가 서두에서 말했다."[110]

"'결혼한 부부'는 일 년에 아이를 '하나' 이상 낳지 못한다. 이제 나는 다른 종류의 결혼한 부부에 대해 말하고자 한다. 이들은 기도, 단식, 철야,

---

[106] *ibid.*   [107] *ibid.*

[108] *ibid.*   [109] *ibid.*

[110] *DW* I, 435.

그 외 다른 외적 수행과 고행에 매달리는 사람들이다. 이들은 하느님도 자신도 신뢰하지 못하며 많은 열매를 맺을 수 없다. 나는 이들을 일 년에 아이 하나만을 낳는 '결혼한 부부'라고 부른다."[111]

"그러나 '아내인 처녀'는 많은 열매를 맺는다. 그 열매는 크다. 그 열매는 더도 덜도 아닌 신 자신이다. 바로 이러한 열매와 이러한 탄생을 '아내인 처녀'가 이루어 낸다. '아내인 처녀'는 가장 고귀한 근저에서, 아니 바로 아버지-신이 그 영원한 말씀을 낳는 것과 같은 근저에서 매일매일 백 배 천 배, 아니 수없이 많은 열매를 맺는다."[112]

"나는 때로 '영혼 속 능력'에 대해서 말했다. 이 능력은 정신에서 나오고 정신 속에 머물러 있어서 전적으로 정신적이다. 이 능력 속에서 영원한 아버지는 영원한 아들을 끊임없이 낳는다. 이 능력은 아버지의 아들과 자기 자신을 낳는다. 그것도 아버지와 같은 능력으로 같은 아들을 낳는다."[113]

"나는 설교 첫머리에서 '예수 그리스도가 어떤 작은 성읍에 들어갔다. 아내인 처녀가 그를 받아들였다'라고 말했다. 그러나 나는 아직 '작은 성읍'이 무엇인지는 말하지 않았다.

나는 그것을 '이러한 것' 또는 '저러한 것'이라고 말해 왔다. 그러나 이제 말한다. 그것은 '이러한 것'도 '저러한 것'도 아니다. 그것은 '모든 이름'을 '벗어나' 있다. '모든 형태'를 '벗어나' 있다. 마치 '신'이 그 자체에 있어서 벗어나 있고 매여 있지 않은 것처럼 말이다."

"'영혼 속의 작은 성'은, 그 어떤 능력도 그 어떤 고유한 존재도 그 속을 결코 들여다볼 수 없다. 그것이 '신'이라도 그러하다. '신'이 그 속을 들여다

---

[111] *ibid.*

[112] *ibid.*

[113] *DW* I, 435-6.

보려면, 그의 모든 '신적 명칭'과 '성부'·'성자'·'성령'이라는 '위격적 속성'을 희생시켜야 할 것이다."[114]

"'영혼 속의 작은 성'과 더불어 영혼은 신과 같다. 더도 덜도 아니다."[115]

'신의 탄생'은 수동적인 사건이자 능동적인 사건이다. 그것도 동시에, 동일한 순간에 일어나는 사건이다.

엑카르트에 의하면, 이것은 "마치 산으로 둘러싸인 높은 곳에 올라서서 소리 지르는 것과 같다. '너 거기 있니?' 하고 외치면, 메아리가 '너 거기 있니?' 하고 되외치는 것과 같다. '이리 나와!' 하고 외치면, 메아리가 '이리 나와!' 하고 되외치는 것과 같다".[116]

'인간이 신과 하나가 된다는 것' 그것이, 다름 아닌 바로 그것이 마이스터 엑카르트의 신비사상이다.

엑카르트가 여기서 말하는 '영혼 속에 신의 탄생'은 그리스도교 전통 속에서 수많은 예를 발견할 수 있다. 후고 라너가 이것을 상세히 논구했다. 그중 몇 군데를 골라 간단히 살펴보자.[117]

'영혼 속에 신의 탄생'이라는 생각의 출발점은 바오로 사도의 말이다.

"그리스도께서 여러분 안에 모습을 갖추실 때까지 나는 다시 산고를 겪고 있습니다"(갈라 4,19).

"이제는 내가 사는 것이 아니라 그리스도께서 내 안에 사시는 것입니다"(갈라 2,20).

그리스 교부 오리게네스Origenes(185~243)는 이 생각을 더 진척시킨다. 그

---

[114] *DW* I, 437.   [115] *ibid.*

[116] *DW* I, 설교 22, 518-519.

[117] Hugo Rahner, Die Gottesgeburt, Die Lehre der Kirchenväter von der Geburt Christi aus dem Herzen der Kirche und der Gläubigen, in: Hugo Rahner, *Symbole der Kirche: Die Ekklesiologie der Väter*, Salzburg 1964, 11-87.

는 "그리스도가 처녀(동정녀)에게서 태어났다고 하더라도, 그가 내 속에서 태어나지 않는다면 그것이 무슨 소용이 있겠는가?"라고 말했다.

역시 그리스 교부인 니사의 그레고리우스Gregor von Nyssa(†394)는 "한때 동정녀 마리아 속에서 벌어진 사건(그리스도의 탄생) … 그것은 동정녀스러운 삶을 영위하는 모든 영혼 속에서 사건으로 벌어진다"라고 했다.

라틴 교부인 밀라노의 암브로시우스Ambrosius von Mailand(339~397)는 "의로움을 낳는 사람은 그리스도를 낳는 것이고, 지혜로움을 낳는 사람은 그리스도를 낳는 것이다"(Ergo quae parit justitiam, Christum parit, quae parit sapientiam, Christum parit)라고 했다.

아우구스티누스는 성탄절 설교에서 "그리스도가 탄생했다. 그분이 (오늘) 우리 마음속에서도 탄생하기를 빈다"라고 말했다.

막시무스 콘페소르Maximus Confessor(†662)는 "말씀이 사람이 된 것은 인간이 신이 되게 하기 위해서다"라고 말함으로써, '영혼 속에서 신의 탄생'에 대한 완결된 신학적 체계를 제시했다.

쾰른의 소송에서 문제가 된 것(소송 자료, 항목들)은, '신의 탄생'에 대한 학설 자체라기보다는 그 표현 방식이다. 그런데 흥미로운 것은, 이러한 항목 중에 어떤 것도 아비뇽의 교서敎書에 나타나 있지 않다는 사실이다. '인간 속에서 신의 탄생'이라는 가르침은 그리스도교 전통 가르침에 속하기 때문이었을 것이다.

6. 쾰른 시기(1322~1328)

1323/4년 엑카르트는 도미니코회 소속인 쾰른의 수도회 대학에 교수로 파견되었다. 이때부터 그의 생애는 파란곡절을 겪는다.

1326년 여름, 쾰른의 대주교 비르네부르크의 하인리히Heinrich von Virne-
burg는 엑카르트를 상대로 이단 심문을 시작했다.

엑카르트의 소송 사건은 로리스 슈투얼레제와 빈프리드 트루젠이 법률
가의 입장에서, 문헌을 통해 연구·조사된 바를 간결하게 제시해 준다.[118]
여기서는 빈프리드 트루젠의 연구를 토대로 그 소송 사건을 간단히 살펴
보겠다.

1313년 엑카르트가 파리 대학 교수직을 떠나 슈트라스부르크에 머물게
된 사실은, 그 역사적 상황을 고려해야 한다. 도미니코회 책임자가 유능하
고 뛰어난 인물을 슈트라스부르크에 파견하지 않을 수 없었던 것은, 뭔가
중요하고 긴박한 문제가 대두되었기 때문일 것이다.[119]

문제는 소위 '자유정신의 형제자매들'(Brüder und Schwestern vom Freien Geist)
이었다. 특히 도미니코회 토이토니아 관구에 속한 슈트라스부르크와 독일
남서 지역에 그러한 공동체가 많았다.

도미니코 수도회는 수녀원과 여성들을 돌보고 있었다. 특히 슈트라스부
르크와 독일 남서부에서 그 일은 커다란 위험에 처해 있었다. 계기는 '베기
네'Beginen 문제였다. 그들은 크고 작은 공동체를 이루어 살면서, 영성적 권
위(교회, 성사 등)나 세속적 권위(국가)를 거부하고 있었다.[120]

엑카르트는 바로 이러한 상황 속에서 활동해야 했다.

---

[118] Loris Sturlese, Die Dokumente zum Prozeß gegen Meister Eckhart; Winfried Trusen,
Zum Prozeß gegen Meister Eckhart, in: Heinrich Stirnimann - Ruedi Imbach (Hrsg.), *Eck-
hardus Theutonicus - Homo doctus et sanctus*, Nachweise und Berichte zum Prozeß gegen
Meister Eckhart, Freiburg/Schw. 1992, 1-5; 7-30.

[119] Winfried Trusen, Zum Prozeß gegen Meister Eckhart, *op. cit.*, 7.

[120] *ibid.*, 8.

6.1 고소

이러한 상황 속에서 엑카르트는 이들 '베가르드'Begarden(형제들)와 '베기네' Beginen(자매들)의 극단적 영성을 이단시하기보다는, 어떻게 하면 그들의 종교적 관심사를 감안하면서도 그들을 건전한 영성으로 지도해 나갈 수 있을까를 생각했다.

그리하여 그는 신학적 · 철학적 지식을 토대로 그의 신비사상을 전개시키기 시작했다. 그 결과 실제로 많은 베기네 공동체가 도미니코회 삼회원 三會員들(수도회에 입회하지 않고도 그 수도회 정신에 따라 사는 사람들)이 되어 가고 있었다.[121]

1325년, 이탈리아 베니스에서 개최된 도미니코회 총회는, 몇몇 수도자들이 배우지 못한 청중들을 오류로 이끌 수 있는 설교를 한다는 사실을 문제 삼아 설교를 금지시킨다.

한편, 당시 토이토니아 관구는 어수선했다. 엄격한 수도원 규율이 느슨해지기 시작했기 때문이다. 그리고 온당치 못한 일들이 자주 일어나고 있었다.[122]

그리하여 교황 요한 22세Johannes XXII(1316~1334)가 직접 개입한다. 교황은 토이토니아 관구에 두 감사관, 코모의 베네딕도Benedikt von Como와 슈트라스부르크의 니콜라우스Nikolaus von Straßburg를 파견한다. 그러나 니콜라우스는 그를 따로 심사하지 않았다. 이유가 불충분하다고 생각해서였다.

이제 슈트라스부르크의 니콜라우스는 엑카르트를 쾰른의 대주교 비르네부르크의 하인리히에게 고발한다.[123]

---

[121] ibid.

[122] ibid., 11-2.

[123] ibid., 12-3.

1326년 여름, 쾰른의 대주교는 엑카르트를 심문하기 위해 신학자인 주교좌 주임 사제 프리슬란트의 라이너Rainer von Friesland와 도미니코회 수사 솜머의 페트루스Petrus von Sommer를 형사(Kommissar)와 심문관(Inquisitor)으로 임명했다. 아마 그해 말 후자는 도미니코회 소속 교수인 밀라노의 알베르투스Albertus von Mailand로 대체되었을 것이다.[124]

이들은 판사에게 증거 자료를 제시해야 했고 재판에 임석해야 했다.

엑카르트의 소송은 검열 소송일 뿐 아니라, 이단 소송이기도 했다.[125]

6.2 소송 과정

소송 과정은 알 길이 없다. 고소장의 내용과 말마디도 알 수 없다.

그러나 소송의 첫 단계는 다른 문서에서 알 수 있다. 도미니코 회원 니데케의 빌헬름Wilhelm von Nidecke이 엑카르트를 법정에 고소하면서 다음과 같이 진술했다: 엑카르트는 "완고한 이단자다. 왜냐하면 그는 자기 오류를 의식하면서도 가르쳤고 완강하게 옹호했기 때문이다"(… esset pertinax haereticus, quia errores suos scienter defendisset).[126]

소송의 둘째 단계는 저 유명한 '소에스트 사본'Soester Handschrift(33)에서 알 수 있다. 이 사본은 오늘날 흔히 '엑카르트의 변명서'(Rechtfertigungsschrift Eckharts)라고 잘못 인용되고 있다.

당시 소송 과정에서는 문제 항목들을 피소자에게 제시했다. 그러면 피소자는 법정에 소환되어 그 항목에 대하여 답변해야 했다. '소에스트 사본'에는 엑카르트의 저서와 설교에서 발췌한 항목들이 제시되어 있다.

---

[124] *ibid.*, 14.

[125] *ibid.*, 15.

[126] *ibid.*

비록 혐의점이 있어도, 여기 제시된 항목들은 피고인이 입장 표명을 하고 난 다음에야 비로소 문제가 된다. 그리고 피고인이 그 항목들의 취소를 명백히 거부할 때는 이단으로 판결하는 자료로 채택된다.

따라서 49항목으로 된 첫째 목록과 59항목으로 된 둘째 목록은, 사람들이 흔히 잘못 알고 있는 것처럼 기소장이 아니다. 그것이 기소장의 격식을 갖추기 위해서는 법률적 응소 기간을 필요로 하기 때문이다.

사람들이 흔히 형사(Kommissar)를 단순한 검열관(Zensor)으로 여기는 것도 법률적으로 잘못이다.[127]

증거 자료의 첫째 목록은 설교의 출처가 밝혀져 있지 않아 법적으로 커다란 결함을 지니고 있다. 둘째 목록은 출처를 밝히고는 있으나, 부분적으로 같은 명제를 반복하고 있다. 만일 판사들이 직무상(ex officio) 그 목록들을 작성했다고 가정한다면, 그러한 기본적 과오를 저지른다는 것은 불가능한 일이었을 것이다.[128]

그렇다면 쾰른에서의 엑카르트 소송 사건에서는, 판사들이 명망 있는 신학자들의 견해를 들어보지도 않은 채 사건을 결정(판결)해 버리려 한 것 같다. 이러한 상황을 고려하면 쾰른의 대주교 비르네부르크의 하인리히의 영향이 작용하지 않은 것은 아니었다는 사실이 드러난다.[129]

엑카르트에 대한 쾰른의 소송은 그가 가르치고 설교한 내용 중 몇몇 명제를 단순히 검열하고자 한 것이 아니었다. 그것은 엑카르트가 이단자로 고소당한 소송이었다.

1327년 1월 24일, 엑카르트는 이 사건을 당시 아비뇽에 있던 교황청에 항소했다.[130]

---

127 *ibid.*

128 *ibid.*, 16.

129 *ibid.*, 18.

130 *ibid.*

그해 2월 13일, 엑카르트는 쾰른의 도미니코회 성 안드레아 성당에서 공식적으로 자신의 입장을 밝혔다. 그것은 자신의 소송에 대한 공식 반박이었다.

그는 여기서 자기 신앙의 정통성을 역설했고, 자신의 가르침과 설교 중에서 신앙 진리에 어긋나고 반대되는 것이 있다면 그 명제들을 취소하겠다고 말했다. 아마도 엑카르트는 자신의 항소가 기각될 것이라고 각오하고 있었는지도 모른다.[131]

6.3 아비뇽의 판결

마이스터 엑카르트는 자기 관구장과 다른 세 명의 도미니코회 교수들을 대동하고 아비뇽의 교황청에 나타난다.

아비뇽의 교황청은 엑카르트의 항소를 기각하지 않았다. 기각했더라면 쾰른의 소송 사건은 그로써 마무리되었을 터인데 말이다.

교황청은 엑카르트 소송 사건의 제2심을 떠맡았다. 교황 요한 22세 재임 기간 중에는 신학 교수들의 이단 심의 소송은 주교들이나 대학에 맡겨 두지 않고, 교황청이 직접 담당하는 경향이 많았다. 교황 자신이 '법률가'였다.[132]

아비뇽에서의 소송 진행 과정에 대한 자료는 희소하다. 그러나 아비뇽의 분위기는 쾰른의 분위기와는 전혀 달랐던 것 같다.

우선 쾰른에서 작성한 증거 자료 108개 항목(첫째 목록의 49개 항목과 둘째 목록의 59개 항목)이 28개 항목으로 대폭 축소되었다.[133] 그리고 이 항목들이

---

[131] *ibid.*, 18-9.

[132] *ibid.*, 20.

[133] *ibid.*

'이단으로' 또는 '이단에 가까운 것'으로 판결되었으나, 제한적인 단서가 붙어 있다. 즉, '말마디로 보아서는'(Verba prout sonat)이라는 제한적이고 조건적인 단서가 붙어 있다.[134]

엑카르트는 이들 항목에 대해 '취소'를 약속했다. 그리하여 아비뇽의 교황청 공소 법원에서는 엑카르트의 이단 여부를 심사하지 않고, 문제 항목들의 내용만 객관적으로 심사했다.[135] 1328년 4월 30일, 아비뇽의 교황 요한 22세는 쾰른의 비르네부르크의 하인리히 대주교에게, 그 사이 죽은 마이스터 엑카르트의 소송 사건이 진행 중이며 서둘러서 마무리짓겠다고 통보했다.[136]

쾰른의 대주교는 엑카르트 소송 사건이 어떻게 진행되고 있는지 묻고, 그 사건을 빨리 매듭지어 주기를 아비뇽의 교황청에 공한으로 청원했던 게 분명하다. 이 청원이 아비뇽의 교황청으로 하여금 서둘러 엑카르트의 소송 사건을 마무리짓도록 만든 것 같다.[137]

엑카르트는 소송에서 문제가 된 항목의 명제들을 취소했다. 그러나 "그 명제들의 의미가, 신자들의 마음속에 이단 또는 오류라는 의미와 신앙에 참으로 반대가 된다는 의미를 불러일으킬 수 있는(가능성!) 한에서"(quae possent generare in mentibus fidelium sensum haereticum vel erroneum ac vere fidei inimicum, quantum ad illum sensum)[138]였다.

엑카르트는 이로써 '그가 의도한 가르침'을 포기한 것이 결코 아니라, 다만 '그 명제들에 대한 잘못된 해석의 가능성'을 인정하고 그것을 포기한 것이다. 그러나 교황청 재판소는 그것으로 만족했다.[139]

---

[134] *ibid.* [135] *ibid.*

[136] Acta Echardiana, n.62. [137] Winfried Trusen, *op. cit.*, 20.

[138] *ibid.*, 21. [139] *ibid.*

1329년 3월 27일, 아비뇽의 교황청은 교서 「도미니코회 땅에」*In agro dominico*를 작성했다. 그 교서에서 28개 항목 중 26개 항목이 엑카르트에서 유래하는 것으로 확인되고 검열되었다. 나머지 둘은 엑카르트에서 유래한 것이라는 사실이 확인되지 않았다.

전자의 15개 항목, 후자의 2개 항목이 '오류' 또는 '이단의 성격'을 지닌 다고 판결되었다. 나머지 11개 항목은 '잘못 표현되었고' '대단히 모험스러우며' '이단으로 의심되는' 것으로 규정되었다. 그러나 이들은 상세한 설명과 해명을 덧붙인다면, 가톨릭 교회가 받아들이는 의미를 지닐 수 있을 것이라고 했다.[140]

교황청의 판결 목표는 자명하다.

"이 항목들이나 그 속에 담긴 내용들이, 설교를 들은 단순하고 순박한 사람들의 마음을 더 이상 오염시킬 수 없도록, 또한 그들이나 다른 사람들에게 어떠한 식으로든지 영향을 끼치지 않도록"(ne articuli huiusmodi seu contenta in eis corda simplicium apud quod praedicati fuerent ultra inficere valeant neve apud illos vel alios quomodolibet invalescant)[141] 하기 위한 것이었다.

다시 말해서 이 판결은 하나의 '사목적 동기' 혹은 '배려'에서 나온 것이었다. 이것은 독일어 설교에서 발췌된 항목들에 대해서뿐 아니라, 라틴어 저서에서 발췌된 항목들에도 적용되는 판결이다.

이렇게 본다면 판결문의 '표현'은 부정확하다. 그러나 이 판결문으로 보아, 그 동기는 '학문적 탐구'보다는 '사목적 배려'에 더 무게를 두고 있다는 사실이 뚜렷이 드러난다.[142]

---

[140] Denzinger - Hünermann, *Enchiridion Symbolorum*, 950-80 (Freiburg/Br. - Basel - Rom - Wien [37]1991, 399-404).

[141] *ibid.*, 979 (404).   [142] Winfried Trusen, *op. cit.*, 21.

교서에는 당시 통상적 관례에 따른 법률적 귀결 조항을 발견할 수 있다. 문제 항목들이 포함된 모든 저서와 그 외 작품들에 금서 조치를 내리는 조항이다. 이 조항에 의하면 엑카르트 저서 대부분이 금서로 되어 버린다.[143]

아비뇽의 교서 반포는 독특한 양상을 띤다. 일반적으로 이단 판결은 전 세계 그리스도교 교회에 통보되는데, 엑카르트의 이단 판결은 교황의 지시에 의해서 쾰른 교구에만 제한적으로 통보되었다.[144]

지금까지 살펴본 것은 법학자 빈프리드 트루젠의 연구 결과다.

참고문헌

□ 1차 자료

Meister ECKHART, *Die Deutschen und Lateinischen Werke*. Herausgegeben im Auftrag der Deutschen Forschungsgemeinschaft, Stuttgart 1936ff.

ABTEILUNG I: *DIE DEUTSCHEN WERKE*. Hrsg. und übersetzt von Josef QUINT und Georg STEER.

Bd.1: *Meister Eckharts Predigten (1-24)*. 1958/1986 (*DW* I).

Bd.2: *Meister Eckharts Predigten (25-59)*. 1971/1988 (*DW* II).

Bd.3: *Meister Eckharts Predigten (60-86)*. 1976/1999 (*DW* III).

Bd.4,1: *Meister Eckharts Predigten (87-105)*. 2003 (*DW* IV,1)

Bd.4,2: *Meister Eckharts Predigten (106-128)*. 2003 (*DW* IV,2)

Bd.5: *Meister Eckharts Traktate - Liber Benedictus: I. Daz buoch der götlîchen Troestunge. II. Von dem edeln menschen. Die rede der underscheidunge. Von abegescheidenheit*. 1963/1987 (*DW* V).

---

[143] *ibid.*

[144] *ibid.*, 22.

ABTEILUNG II: *DIE LATEINISCHEN WERKE.*

Bd.1,1: I. *Prologi in Opus Tripartitum. Expositio Libri Genesis et libri Exodi secundum recensionem Cod. Amplon. Fol.* 181[E]. II. *Prologi in Opus Tripartitum et Expositio Libri Genesis secundum recensionem Codd. Cusani 21 et Treverensis 72/1056* [CT]. III. *Liber parabolarum Genesis.* Hrsg. und übersetzt von Konrad WEIß. 1964/1988 (*LW* I-1).

Bd.1,2: I. *Prologi in Opus Tripartitum. Expositio Libri Genesis et libri Exodi secundum recensionem Cod. Oxoniensis Bodleiani Laud misc. 222* [L]. Adiectae sunt recesiones E et CT denuo recognitae. II. *Liber parabolarum Genesis*, editio altera. Hrsg. von Loris STURLESE. 1987ff (*LW* I-2).

Bd.2: I. *Expositio Libri Exodi.* Hrsg. und übersetzt von Konrad WEIß. II. *Sermones et Lectiones super Ecclesiastici* cap. 24. Hrsg. und übersetzt von Josef KOCH und Heribert FISCHER. III. *Expositio Liberi Sapientiae.* Hrsg. und übersetzt von Josef KOCH und Heribert FISCHER. IV. *Expositio Cant.* 1,6. Nach dem Tod von Josef KOCH hrsg. und übersetzt von und Heribert FISCHER. 1992. (*LW* II).

Bd.3: *Expositio sancti Evangelii secundum Iohannem.* Hrsg. und übersetzt von Karl CHRIST, Bruno DECKER, Josef KOCH, Heribert FISCHER, Loris STURLESE und Albert ZIMMERMANN. 1994. (*LW* III).

Bd.4: *Magistri Echardi Sermones.* Hrsg. und übersetzt von Ernst BENZ, Bruno DECKER und Josef KOCH. 1956/1987 (*LW* IV).

Bd.5: I. *Collatio in Libros Sententiarum.* Hrsg. und übersetzt von Josef KOCH. II. *Quaestiones Parisienses.* Hrsg. und übersetzt von Bernhard GEYER. III. *Sermo die b. Augustini Parisius habitus.* Hrsg. und übersetzt von Bernhard GEYER. IV. *Tractatus super Oratione Dominica.* Hrsg. und übersetzt von Erich SEEBERG. V. *Sermo Paschalis a. 1294 Parisius habitus.* Hrsg. und übersetzt von Loris STURLESE. VI. *Acta Echardiana.* Hrsg. von Loris STURLESE. 1. *Acta et regesta vitam magistri Echardi illustrantia. 2. Processus contra magistrium Echardum. 3. Magistri Echardi responsio ad articulos sibi impositos de scriptis et dictis suis.* 1936ff.

Bd.6: I. *Prolegomena in opera omnia magistri Echardi.* II. *Indices in opera omnia magistri Echardi.*

ABTEILUNG III: *UNTERSUCHUNGEN.*

Bd.1: Josef QUINT, *Neue Handschriftenfunde zur Überlieferung der deutschen Werke Meister Eckharts und seiner Schule.* Ein Reisebericht. 1940.

Bd.2: Josef QUINT, *Fundbericht zur handschriftlichen Überlieferung der deutschen Werke Meister Eckharts und anderer Mystikertexte.* 1969.

□ 연구서

Wouter GORIS, *Einheit als Prinzip und Ziel: Versuch über die Einheitsmetaphysik des Opus Tripartitum Meister Eckharts*, Leiden - New York - Köln 1997.

Alois M. HAAS, *Meister Eckhart als normative Gestalt geistlichen Lebens*, Einsiedeln 1979.

Niklaus LARGIER, *Bibliographie zu Meister Eckhart*, Freiburg/Schw. 1989 (Dokimion, Bd. 9).

Bernard MCGINN, *The Mystical Thought of Meister Eckhart*, A Herder and Herder Book, New York: The Crossroad Publishing Company 2001.

Kurt RUH, *Meister Eckhart: Theologe, Prediger, Mystiker*, München 1985(²1989).

Meister Eckhart in Erfurt (Miscellanea Mediaevalia, Bd. 32) hrsg. von Andreas SPEER und Lydia WEGENER, Berlin - New York: Walter de Gruyter 2005.

Bernhard WELTE, *Meister Eckhart: Gedanken zu seinen Gedanken*, Freiburg - Basel - Wien 1979, ²1992.

길희성 「마이스터 엑카르트의 영성 사상」 분도출판사 2003.

④

요한네스 타울러의 생애와 저서

요한네스 타울러 연구가들은 그를 흔히 '삶의 스승'으로 규정한다. 가르치는 데 스승인 '앎의 스승'에 대비시켜, 사는 데 스승인 '삶의 스승'으로 규정한 것이다.

사실, 타울러는 쾰른의 수도회 대학에서 공부한 적도 없고 자기 수도원에서, 예컨대 슈트라스부르크나 바젤에서 강사가 된 적도 없다.

타울러 스스로도 설교 51에서 명시적으로 말한 바 있다.

"사랑하는 자녀들이여, 박학한 신학자와 '앎의 스승'들은 인식과 사랑 중 어느 것이 더 중요한지를 토론하고 있다. 그러나 우리는 여기서 '삶의 스승'에 대해서 말하고자 한다"(H. 51, 389).

"'어떤 고매한 스승'(마이스터 엑카르트)은 (고차원의) '사상'을 말했지만 (최상의 진리에 이르는) '방법'과 '길'은 제시하지 않았다. 그러나 거기에 이르는 '방법'과 '길'을 제시하는 것이 백 배나 더 낫다"(H.15b, 104).

그럼에도 불구하고 타울러의 설교 저변에는 이론적이고 사변적인 측면이 줄곧 깔려 있다. 이 장에서 우리는 이러한 측면을 부각시키면서 타울러의 신비사상을 추적해 나가려 한다.

타울러의 신비사상은, 스승 마이스터 엑카르트의 신비사상을 (적어도 간접적으로) 대폭 받아들이면서도, 막상 그의 설교들에서는 엑카르트가 아니라 신플라톤 철학자 프로클로스를 앞세운다. 타울러는 모스부르크의 베르톨트[1]를 통해 프로클로스를 간접적으로 알았던 것 같다.

마이스터 엑카르트(의 28개 명제)가 교회 당국으로부터 단죄받던 당시 상황 속에서, 타울러의 이러한 태도는 어쩔 수 없는 것이었는지도 모른다.

요한네스 타울러의 저서는 84개의 설교로 구성된 『설교집』이 전부다. 이것이 '타울러 전집'이다.[2]

수많은 설교 속에 흩어져 있는 그의 신비사상의 주제들을 작업해 낸다는 것은 우선 쉬운 일이 아니다. 그러나 알로이스 하스,[3] 루이세 그내딩거,[4] 쿠르트 루[5]의 연구서를 참조하면서, 타울러 『설교집』의 주제들을 추적할 것이다.

---

[1] Berthold von Moosburg, 『프로클로스의 신학요강에 대한 해설』*Expositio super elementationem theologicam Procli*를 저술했다.

[2] Ferdinand Vetter, *Die Predigten Taulers aus der Engelberger und Freiburger Handschrift sowie aus Schmidts Abschriften der ehemaligen Straßburger Handschriften*, hg. von F.V. (DTMA 11), Berlin 1910; Johannes Tauler, *Predigten*, Bd. I-II, Vollständige Ausgabe, übertragen und herausgegeben von Georg Hofmann, Einführung von Alois M. Haas, Einsiedeln ³1987. 이하 Hofmann 판본으로 'Hofmann, 설교 번호, 쪽수'로 인용.

[3] Alois Haas, *Nim din selbes war, Studien zur Lehre von der Selbsterkenntnis bei Meister Eckhart, Johannes Tauler und Heinrich Seuse*, Freiburg/Schweiz: Universitätsverlag Freiburg/Schweiz 1971, 이하 'Haas, *Nim*'으로 인용.

[4] Luise Gnädinger, *Johannes Tauler, Lebenswelt und mystische Lehre*, München 1993, 이하 'Gnädinger'로 인용.

[5] Kurt Ruh, *Geschichte der abendländischen Mystik*, Bd. 3, München 1996, 이하 'Ruh'로 인용.

우선 타울러의 생애를 살핀 다음, 그의 『설교집』에 드러난 신비사상의 주제들을 살피되, 특히 '신비적 일치'(unio mystica)라는 주제를 집중적으로 살필 것이다. '신비적 일치'라는 주제는 '심연'深淵(Abgrund), '근저'根底(Grund/ Ursprung), '무'無(Nichts), '영혼 속에 신의 탄생'(Gottesgeburt in der Seele) 을 토대로 한다.

1. 생애

요한네스 타울러의 생애에 대한 원사료原史料는 없다. 따라서 우리는 2차 사료를 통해서 그의 연대기를 짐작할 수밖에 없다.[6]

타울러는 1300년경, 슈트라스부르크 시 참사원 가문에서 태어났다. 그는 도시에서 태어나 도시에서 자랐다.

타울러는 아마 14세 때(당시로서는 직업을 선택할 나이였다), 태어나 자란 도시 슈트라스부르크의 도미니코회 수도원에 입회했을 것이다.[7]

당시 도미니코회 수학 규정(1305년의 규정)에 따라, 그는 6~8년에 걸친 수학 과정을 밟았을 것이다. 당시 도미니코회 수학 과정은 다음과 같다:

우선 1년의 수련 기간을 마친 후, 입회자는 2년에 걸쳐 기초 학습을 받아야 했다.

기초 학습이 끝난 후, 당시 '이성철학'(philosopia rationalis)이라 일컬은 논리학 연구와 '자연철학'(philosophia naturalis)이라 일컬은 자연학 연구에 들어갔다. 그 후 신학 연구가 이어졌다.[8] 타울러는 이러한 수학 과정을 모두 고

---

[6] Ganädinger, 9.

[7] *ibid*.; Ruh, 478.

[8] Gnädinger, 18; Ruh, 478.

향 슈트라스부르크 도미니코회 수도원에서 마쳤을 것이다.

그가 쾰른의 수도회 대학에서 수학했다는 견해는 전혀 근거가 없다. 타울러의 수학 과정에서 흔히 중요한 사실로 다루어지는 마이스터 엑카르트와의 관계는, 1314년에서 1323/24년 사이에 이루어졌을 것이다.

이 기간에 엑카르트가 도미니코회 총장 대리로 슈트라스부르크의 도미니코회 수도원에 머물고 있었기 때문이다. 이때 타울러는 아직 마이스터 엑카르트의 제자는 아니었지만, 수도원에서 설교를 듣거나 개인적으로 만났을 것이다.[9] 타울러의 수학 과정은 1330년경에 끝난 것으로 추정된다.

곧이어 그에게 설교 소임과 사목, 특히 슈트라스부르크의 도미니코회 수녀원들을 돌보는 일이 맡겨졌을 것이다. 14세기 초 슈트라스부르크 성 밖에는 여덟 개의 도미니코회 수녀원이 있었다.[10]

1.1 바젤 피난 시기

바이에른의 루드비히Ludwig von Bayern(1314~1347) 황제와 요한 22세 교황 사이에 벌어진 정치적 투쟁의 와중에서, 슈트라스부르크의 도미니코회 수도자들은 피난길에 오른다.

타울러는 이미 1338년에 슈트라스부르크를 떠나, 바젤의 도미니코회 수도원에 1342/43년까지 머문다.[11] 바젤에 머무는 동안 타울러는 사목에 충실했다. 특히 그는 대중을 상대로 한 설교에 힘썼다. 도시민을 상대로 한 설교는 자신의 취향에도 잘 맞는 것이었다. 더욱이 교회가 어려운 상황

---

[9] Gnädinger, 21; Ruh, 479.

[10] Gnädinger, 27-8. St. Markus, St. Elisabeth, St. Margareta, St. Maria Magdalena, St. Nicolaus, St. Johannes, St. Katharina, St. Agnes 수녀원.

[11] Gnädinger, 33-4; Ruh, 479-80.

에 처해 있었기에 청중들도 그 설교를 열심히 들었을 것이다.[12]

1339년, 타울러는 쾰른을 방문했다. 아마 거기서 마이스터 엑카르트의 저서들을 발견하여 바젤에서 가깝게 지내던 '신의 친구들'(Gottesfreunde)에게 필사시키려 했을 것이다.[13]

1.2 슈트라스부르크로 귀환

1342/3년, 도미니코회 수도원은 슈트라스부르크로 되돌아왔다.

14세기 중반, 라인 강 상류 지방은 엄청난 재해를 입었다. 지진·수해·흉년·기근·페스트가 연이어 들이닥쳤다. 이 와중에 잔인한 유대인 박해가 시작되었다. 시대는 바야흐로 세계의 종말 분위기였다.[14] 이러한 사실은 타울러의 설교에도 잘 드러난다.

타울러는 벨기에 브라방Brabant 지방 그뢰넨달Groenendal에 살던 얀 반 루이스브뢰크Jan van Ruysbroeck(1293~1381)도 찾아갔다. 아마 1350년경, '신의 친구들'의 모임 때문이었을 것이다.

1361년 6월 16일, 타울러는 슈트라스부르크에서 사망했다.

2. 설교 주제

2.1 자기 인식

타울러는 '자기 인식'(Selbsterkenntnis), 즉 '너 자신을 알라'(Erkenne dich selbst!)는 호소를 설교의 토대와 출발점으로 삼는다.[15] 이러한 사실을 감안하여,

---

[12] Ruh, 480.　　　　[13] Ruh, 481.

[14] Gnädinger, 43-60; Ruh, 481.

[15] Gnädinger, 121.

알로이스 하스는 교수 자격 논문에서 타울러의 설교 전체를 '너 자신을 알라'(Nim din selbes war)는 주제로 다루었다.[16]

타울러에 의하면, '자기 인식'은 인간에게 자신의 '무성'無性(Nichtigkeit)과 자신의 '무'를 대면하게 한다.

자신을 들여다볼 때 인간은 자기 존재의 '자연적 무'(natürliches Nichts)를 보게 된다. 인간이 자신의 근원과 목표를 자기 속에 가지고 있지 못하기 때문이다.[17] 한편 인간은 자신의 '허약한 무'(gebrechliches Nichts)도 보게 된다. 인간은 본성적 · 윤리적으로 허약하고 무력하기 때문이다.[18]

그러나 '자기 인식'과 그에 따른 '자신의 무성'에 대한 통찰은 우리에게 '한없는 이득'(unendlicher Gewinn)을 준다. '자신의 무성이라는 심연'(Abgrund des eigenen Nichts), 타울러에 의하면, 그것은 바로 '신적 존재의 심연'(Abgrund des göttlichen Seins)이며, '자신의 무화'無化(Selbstvernichtung)는 '신과의 일치'(Vereinigung mit Gott)에 이르는 길이기 때문이다.[19]

2.2 인간

타울러에 의하면, 인간은 '삼중적'三重的이면서도 '하나의 인간'이다.

첫째, 인간은 '외적-감각적 인간'(äußerer, sinnlicher Mensch)이다.

둘째, 인간은 '내적-이성적 인간'(innerer, geistiger Mensch)이다.

셋째, 인간은 '영혼의 근저(Seelengrund/Gemüt)로서의 인간'이다.[20]

---

[16] Haas, 76-153.

[17] Hofmann, 63, 485-6; Haas, 124; Gnädinger, 126.

[18] Hofmann, 63, 485-6; Haas, 122; Gnädinger, 126.

[19] Hofmann, 42, 321; 59, 455; Gnädinger, 127-8.

[20] Hofmann, 63, 486; 53, 409; Haas, 134ff; Ruh, 496.

우리 속에 있는 '첫째 인간'인 '외적-감각적 인간'은 극복되어야 한다. '첫째 인간'은 '둘째 인간'인 '내적-이성적 인간' 속으로 들어와야 한다. 이 '내적-이성적 인간'은, '외적-감각적 인간'처럼 이러저러한 감각적인 것을 찾아 밖에 머물러 있다.

이러한 인간은 자신을 '자신의 단순한 무'로 보존하고 있다. 그렇게 되면, 인간 속에 있는 '셋째 인간'이 일으켜 세워진다. 그리하여 그는 자신의 '근저'(무), 즉 그가 아직 '창조되지 않았던 상태'(Ungeschaffenheit)로 되돌아갈 수 있게 된다. 그 상태에서 '그는 영원했다'.[21]

'삼중 인간' 모델은 타울러가 신플라톤 학파로부터 영향을 받은 것이다. 타울러는 플로티누스에 대한 지식은 없었으나, 프로클로스에 대한 지식은 있었다.[22]

2.3 신플라톤 철학

유명한 설교 53(Hofmann 판본)에서 타울러는 알베르투스 마뉴스, 프라이베르크의 디트리히, 마이스터 엑카르트 등 자기 수도회의 거장들을 인용하거니와, 특히 자주 인용하는 이는 알베르투스다. 조금 뒤 같은 설교에서 플라톤, 아리스토텔레스, 프로클로스 등 외교外敎의 거장들도 인용한다.[23]

특히 프로클로스를 자주 인용함으로써 타울러에게 그가 중요한 역할을 하고 있다는 사실이 명백히 드러난다.

프로클로스는 같은 수도회 소속 모스부르크의 베르톨트를 통해서 알려져 있다.

---

21 Hofmann, 63, 486; Haas, 134ff; Ruh, 496.

22 Ruh, 497.

23 Hofmann, 53, 407; Ruh, 503.

도미니코회 수도자 모스부르크의 베르톨트는 옥스퍼드 대학에서 수학했다. 그 후 그는 1335~1361년까지 쾰른의 수도회 대학에서 교수로 봉직했다. 그의 주저는 『프로클로스의 신학요강에 대한 해설』*Expositio super elementationem theologicam Procli*이다.[24]

프로클로스에 대한 타울러의 인용은 구체적으로 다음과 같다.

설교 29[25]

프로클로스는 말한다.

"인간이 사물의 형상에 매달려 있는 한, 그는 결코 신의 근저에 이르지 못한다."

"따라서 네가 그것을 경험하려 한다면, 너는 '모든 다양성'을 떠나야 한다. 네 '이성의 눈'으로 '이 하나의 대상'만을 바라보아야 한다."

"네가 '더 높이' 오르려 한다면 '이성적으로 보는 것'을 떠나라. 왜냐하면 '이성'은 네 밑에 있고, 너는 '하나인 것'과 하나가 되어야 하기 때문이다."

프로클로스는 이 '하나인 것'을 '신적 암흑'(göttliche Finsternis)이라고 한다. 그것은 고요하며, 침묵하고 있다.

"외교인外敎人도 이것을 아는데 우리는 모르고 있다. 이것은 우리에게 모욕이며 큰 수치다."

설교 44[26]

타울러는 같은 말을 설교 44에서 반복하면서, '위대한 거장' 플라톤과 프로클로스가 설명하는 것을 모른다는 사실은 '모욕'이요 '수치'일 뿐 아니

---

[24] Ruh, 503-4.   [25] Hofmann, 29, 201; Ruh, 504.

[26] Hofmann, 44, 338-9; Ruh, 504.

라, 우리가 '우리 자신'과 '우리 속에 있는 것'을 모른 채 이리저리 뛰어다니는 '눈먼 닭'과 같다 했다.

설교 53[27]

설교 53에서 타울러는 프로클로스를 가장 풍부하게 인용한다.

"외교인 앎의 스승 프로클로스는, '우리 자신'과 '우리 속에 있는 것', 즉 '영혼의 근저'를 '고요함', '신적인 쉼'이라 했다."

"우리는 이성과 인식을 훨씬 더 넘어서 있는 '하나인 것'을 찾는다."

"영혼이 거기에 되돌아갈 때마다, 영혼은 신적이 된다. 그때 영혼은 신적 삶을 영위한다"(H. 412).

"'영혼의 근저'는 영혼 속에 깊이 심겨져 있어서, 영혼은 자기 속으로 들어가기를 영원히 갈망한다. 인간 정신은 '근원'을 영원히 갈망한다."

설교 59[28]

"너 자신을 전적으로 포기하라. '네 정신의 근저'로 들어가 숨어 있어라.
아우구스티누스는 이것을 '신적 심연이 숨어 있는 곳'이라고 했다."

이어서 프로클로스는 말한다.

"인간이 여기(신적 심연이 숨어 있는 곳) 들게 되면, 빈곤·고통 그리고 그 어떤 질병과도 무관해진다."

타울러의 프로클로스 인용에서 드러나는 독특한 점은 다음과 같다:

첫째, 타울러는 토마스 아퀴나스가 말하는 '신의 모상'(imago Dei)이 아니라 '영혼의 근저'(Seelengrund)를 말한다. 타울러는 여기서 프로클로스에 의

---

[27] Hofmann, 53, 411-2; Ruh, 505.   [28] Hofmann, 59, 458-9; Ruh, 506.

존한다. 더 나아가 도미니코회 수도자 프라이베르크의 디트리히와 모스부르크의 베르톨트에 의존한다.

이러한 '영혼의 근저'가 타울러의 중심 사상이다.[29]

둘째, 타울러의 프로클로스 인용에서는 영혼 속에 있는 '하나인 것'이 강조된다. 영혼 속에 있는 '하나인 것'은 모스부르크의 베르톨트에게도 기본 관심사였다.[30]

2.4 신비적 일치

타울러의 설교 대부분이 '신과의 일치', 즉 '신비적 일치'에 대해서 말하고 있다. '신비적 일치', 그것은 타울러 설교의 본디 목표다.[31]

'신과의 일치'를 직접적으로 말할 수 없어서, 타울러는 신비적 경험을 형상과 상징을 통해 간접적으로 표현한다.[32]

타울러는 우선 '영혼의 근저'에 대해서 말하고 이어서 '영혼 속에 신의 탄생'에 대해서 말한다.

1. '영혼의 근저'

'심연'

타울러는 '영혼의 근저'를 '심연'이라고 한다.[33]

"정신이 자신의 힘을 뛰어넘어 '신적 심연' 속으로 뛰어들 때, 말할 수 없는 어떤 일이 벌어진다."

"자연이 자기 일을 다 하여 더는 할 수 있는 일이 남아 있지 않을 때, 그때 '신적 심연'이 그에게 다가온다. '신적 심연'은 그의 '불꽃'을 정신 속에

---

[29] Ruh, 506.   [30] Ruh, 506.   [31] Ruh, 507.

[32] Ruh, 507.   [33] Hofmann, 28, 196-7.

뿌려 놓는다. 그렇게 되면, (인간) 정신은 자기 자신을 벗어 버리게 된다. 이러한 '전향轉向'을 통해 (인간) 정신은 '신적 암흑' 속으로, '신적 침묵' 속으로, '신과 하나가 되는 것'으로 빠져 들게 된다.

'침잠'(빠져 듦) 속에서는 모든 '동일성'과 '비동일성'이 사라져 버린다.'

"'심연' 속에서는 인간 정신이 '자기 자신'을 잃어버린다. 그는 '신'이나 '자신'을 따로 인식하지 못한다. 더욱이 이 둘이 서로 '같다'거나 '다르다'는 것을 알지 못한다. 왜냐하면 인간 정신은 이미 '신과의 일치' 속으로 들어서서, 그 속에서 모든 '구별'은 의미를 잃어버리고 말았기 때문이다."

"이것을 경험하려면 그는 '모든 피조물'과 '자기 자신'에게 죽어야 한다. 그리고 전적으로 오직 '신'에게만 의존해서 살아야 한다."

'무'

설교 51의 끝 부분에서 타울러는 '자신의 무'와 '피조물 세계의 무'를 알아차리라고 권한다.[34]

"이렇게 '작아진 자'는 '신의 심연' 속으로 빠져 든다. 그는 그 속에서 '자기 자신'을 전적으로 잃고 만다."

"그리하여 '하나의 심연이 다른 하나의 심연을 부른다'(Abyssus abyssum invocat, Ps. 41,8). '창조된 심연'이 '창조되지 아니한 심연'을 자기 속으로 불러들인다. '창조된 심연'의 깊이와 무가 '창조되지 아니한 심연'을 자기 속으로 불러들이는 것이다."

"이때 '하나의 심연'이 '다른 하나의 심연' 속으로 흘러들어, 거기서 '유일한 하나'가 생겨난다. '하나의 무'가 '다른 하나의 무'가 된다."

---

[34] Hofmann, 51, 394-5.

'근저'

타울러는 설교 44에서 '근저'를 출발점으로 '심연'을 설명한다.[35]

"'근저'는 '바닥 없는 심연'이다. 이 속으로 뚫고 드는 사람은 그 속에서 '신'을 발견하고 '신과 하나' 된 '자신'을 발견한다."

타울러는 이처럼 '근저'라는 말마디와 '심연'이라는 말마디를 같은 뜻으로 사용하고 있다.

'영혼의 불꽃'

타울러는 '영혼의 불꽃'(Seelenfunk)이라는 표상을 마이스터 엑카르트에게서 받아들였다.

"어떤 사람은 그것(근저/심연)을 '영혼의 불꽃'이라고 한다. 이러한 '불꽃'은 저 높이 날아 자기가 흘러나온 저 '근저'에 이르기까지 쉬지 않는다."[36]

이렇게 본다면, 타울러가 말하는 '영혼의 불꽃'은 '근저' 또는 '심연'과 같은 것이다. 타울러 자신도 이 두 말마디를 같은 뜻으로 사용했다.

"영혼은 자기 속에 하나의 '불꽃', 하나의 '심연', 하나의 '근저'를 가지고 있다."[37]

2. '영혼 속에 신의 탄생'

'영혼 속에 신의 탄생'은 성탄절 설교다. 그리스도의 탄생과 관련된 이 설교의 제목은 성경에서 따 왔다.[38] "우리에게 한 아기가 태어났고 우리에게 한 아들이 주어졌습니다"(이사 9,5).

"오늘 우리는 세 가지 탄생을 기념한다.

---

[35] Hofmann, 44, 336.   [36] Hofmann, 53, 407.

[37] Hofmann, 36, 264.   [38] Hofmann, 1, 13-9.

첫째 탄생은, 하늘의 아버지가 그 외아들을 낳은 탄생이다.

둘째 탄생은, 순결한 동정녀인 어머니가 그 아들을 낳은 탄생이다.

셋째 탄생은, 매일매일, 순간순간마다 '선한 영혼 속에서 신이 태어나는' 탄생이다."

"'우리에게 한 아기가 태어났고 우리에게 한 아들이 주어졌습니다'라는 이 말은, 신이 바로 우리 것이라는 말이다. 신이 바로 우리 소유라는 말이다. 신이 언제나 그리고 끊임없이 우리 속에 태어난다는 말이다."

"'영혼'은 '시간'과 '영원' 사이에서 창조되었다. 영혼의 '고귀한 부분'은 영원에 속하며 '비천한 부분'은 시간에 속한다.

이제 영혼은 '시간성'과 '시간적 사물들'에게 접근하여 그들 속에 파묻혔다. 그리하여 영혼은 '영원'을 잃었다."

"'영혼 속에 신의 탄생'이 이루어지기 위해서는 '되돌아옴'이 필요하다. ('밖으로 나감'이 아니라) '안으로 들어옴'이 필요하다. 자신의 모든 원의願意, 신의 모든 욕망, 자신의 모든 업적에서 벗어나야 한다. 그렇게 되면 '영혼 속에 신의 탄생'이 이루어진다."

"인간이 영혼의 깊은 곳을 비우고 나면 신은 그것을 전적으로, 철저히 채워 준다. 신은 그것을 결코 빈 채로 버려두지 않는다."

'신의 아들'이 마리아를 통해서 태어난 둘째 탄생에 대해 타울러는 이렇게 말한다:

"아우구스티누스가 말했다. '마리아는 신이 그녀를 통해서 육체적으로 태어난 사실보다도, 신이 그녀의 영혼 속에 정신적으로 태어난 사실을 더 행복하게 여겼다.'"

"마리아는 '처녀'였고 '약혼한 상태'에 있었다. 따라서 '영혼 속에 신의 탄생'을 원하는 사람은 마리아를 본받아야 한다."

"첫째, 영혼은 '순결한 처녀'가 되어야 한다. 영혼은 '처녀'로서 밖으로는 아무런 열매가 없다 할지라도 안으로는 많은 열매를 맺는다. 이 열매가 바로 '신 자신'이며 '신의 아들'이다."

"둘째, 마리아는 '약혼한 처녀'였다. 따라서 처녀로서의 영혼은 '약혼한 상태'에 있어야 한다. 그리하여 네 원의를 오직 '신적인 것'으로 향하게 해야 한다."

"셋째, 마리아는 자신 속으로 향해 있었다. 따라서 '영혼 속에 신의 탄생'을 원하는 사람은 모든 '외적인 것'과 '감각적인 것'을 떠나 자기 속에 '고요한 자리'와 '내적인 안식처'를 마련해야 한다."

참고문헌

Luise GNÄDINGER, *Johannes Tauler. Lebenswelt und mystische Lehre*, München 1993.

Alois HAAS, *Nim din selbes war. Studien zur Lehre von der Selbsterkenntnis bei Meister Eckhart, Johannes Tauler und Heinrich Seuse*, Freiburg/Schweiz: Freiburg/Schweiz Universitätsverlag 1971.

Kurt RUH, *Geschichte der abendländischen Mystik*, Bd. 3, München 1996.

Johannes TAULER, *Predigten*, Bd. 1-2, Vollständige Ausgabe, übertragen und herausgegeben von Georg HOFMANN, Einführung von Alois M. HAAS, Einsiedeln [3]1987.

Ferdinand VETTER, *Die Predigten Taulers aus der Engelberger und Freiburger Handschrift sowie aus Schmidts Abschriften der ehemaligen Straßburger Handschriften* (DTMA 11) Berlin 1910.

⑤

하인리히 소이세의 생애와 저서

하인리히 소이세는 초기 저서 『진리의 서』와 『생애』 뒷부분에서 마이스터 엑카르트처럼 '이론적' 신비사상을 전개한다.

『영원한 지혜의 서』, 『생애』, 『소서간집』小書簡集에서는 요한네스 타울러 처럼 '실천적' 신비사상을 전개한다.[1]

그리하여 하인리히 소이세는 엑카르트의 신비사상과 요한네스 타울러 의 신비사상을 종합한다. 다시 말해, 하인리히 소이세는 중세의 이론적 신 비사상과 실천적 신비사상을 종합한 셈이다.[2]

이러한 종합을 통해서 하인리히 소이세는 그리스도교 신비사상의 한 전 형典型을 제시한다.[3]

---

[1] Bernhard McGinn, *op. cit.*, 4.

[2] Markus Enders, *Das mystische Wissen bei Heinrich Seuse* (Veröffentlichungen des Grabmann-Instituts, N.F. 37) Paderborn 1993, 325-7.

[3] *ibid.*, 328-32.

하인리히 소이세에 관한 연구는 아직 초보 단계를 벗어나지 못하고 있다. 소이세의 저서들에 대한 현대적 문헌 비판을 거친 중세 독일어 정본正本이 아직 없다. 소이세 연구의 기본 텍스트가 되는 칼 빌마이어의 『하인리히 소이세, 독일어 저서들』,[4] 피우스 퀸즐레의 『하인리히 소이세, 지혜의 시계』[5]는 현재 구해 보기가 무척 힘들다.

하인리히 소이세의 저서에 대한 현대 독일어 번역본들[6]은 모두 오래된 것이어서 문헌 비판을 거친 새로운 번역 · 대역본[7]이 요구된다.

하인리히 소이세의 신비사상에 대한 연구[8] 역시 현재로서는 아직 본격적인 단계에 들어서지 못하고 있다.

이러한 상황 속에서 하인리히 소이세의 생애와 그 저서들을 개관하는 것으로 만족할 수밖에 없다.

우선 하인리히 소이세가 살았던 당시의 시대적 배경(13~14세기)을 살펴보고, 그의 생애와 저서들을 간략하게 개관하면서 하인리히 소이세의 신비사상을 부각시켜 보겠다.

1. 시대적 배경

1.1 독일 도미니코회의 철학 · 신학적 노선

종래의 중세 연구는 독일 도미니코회의 철학 · 신학적 노선을 하나의 노선으로 조화시키는 데 힘써 왔다. 그러나 최근 연구 결과들은 독일 도미니코 수도회 관구 내에 결코 하나의 철학 · 신학적 노선만 있었던 것이 아니라

---

[4] *Heinrich Seuse. Deutsche Schriften*, hrsg. von Karl Bihlmeyer, Stuttgart 1907.

[5] Pius Künzle OP, *Heinrich Seuses Horologium Sapientiae*, Freiburg/Schw. 1977.

[6-8] 169쪽 참고문헌 참조.

는 사실을 점차 밝혀내고 있다.[9] 물론 좀 더 상세하고 구체적인 내용이 밝혀지려면 출간 중인 『중세 독일철학자 전집』[10]이 완간되고 그 후속 연구가 진행되기를 기다려야 할 것이다.

그러나 14세기 초 독일 도미니코회 내에 적어도 두 개의 확연히 대조적인 철학 · 신학적 노선이 있었다는 것은 알려진 사실이다.

첫째 노선에는 토마스 아퀴나스, 리히텐베르크의 요한네스 피카르디 Johannes Picardi von Lichtenberg, 슈트라스부르크의 니콜라우스, 슈테른가센의 요한네스Johannes von Sterngassen 등이 속한다.[11]

둘째 노선에는 프라이베르크의 디트리히 , 모스부르크의 베르톨트, 마이스터 엑카르트 등이 속한다.

이들은 중세 독일철학의 노선을 걷는다. 그리고 여기서 중세 독일 신비

[9] Ruedi Imbach, Die deutsche Dominikanerschule, in: *Grundfragen christlicher Mystik* (Wissenschaftliche Studientagung Theologia mystica in Weingarten von 7-10, November 1985), hrsg. von Margot Schmidt in Zusammenarbeit mit Dieter R. Bauer, Stuttgart - Bad Cannstatt 1977, 159; Walter Senner OP, Heinrich Seuse und der Dominikanerorden, in: Rüdiger Blumrich - Philipp Kaiser (hrsg.), *op. cit.*, 9.

[10] *Corpus Philosophorum Theutonicorum Medii Aevi*, veröffentlicht unter Leitung von Kurt Flasch und Loris Sturlese, Hamburg 1977~.
I.   Ulrich von Straßburg, *De summo bono*.
II. Dietrich von Freiberg, *Opera omnia*.
III. Johannes Picardi von Lichtenberg, *Ouaestiones disputatae*.
IV. Heinrich von Lübeck, *Ouodlibet*.
V.   Nikolaus von Straßburg, *Summa philosophiae*.
VI. Berthold von Moosburg, *Expositio super Elementationem Theologicam Procli*.
VII. *Miscellanea*.

Beihefte(別卷):
1. B. Mojsisch, *Die Theorie des Intellekts bei Dietrich von Freiberg*, Hamburg 1977.
2. *Von Meister Dietrich zu Meister Eckhart*, hrsg. von K. Flasch, Hamburg 1984.
3. L. Sturlese, *Dokumente und Forschungen zu Leben und Werk Dietrichs von Freiberg*, Hamburg 1984.

[11] Walter Senner OP, *op. cit.*, 9.

사상이 태동한다. 하인리히 소이세는 둘째 노선에 속한 스승 마이스터 엑카르트를 옹호하고 나섰다.

1.2 황제와 교황의 대립

독일 도미니코회는 14세기에 내부적으로 서로 다른 철학·신학적 노선 갈등 외에도, 외부적으로 큰 어려움을 겪어야 했다. 그것은 독일 황제와 교황의 정치적 대립에서 비롯되었다.

1313년, 독일 황제 하인리히 7세(1309~1313)가 이탈리아 원정 중 갑자기 서거하자 독일 선제후選帝侯들은 두 패로 갈렸다. 그리하여 한편에서는 바이에른의 루드비히를, 다른 편에서는 외스터라이히의 프리드리히Friedrich von Österreich를 각각 왕으로 선출했다.[12]

루드비히 왕이 대립왕 프리드리히를 굴복시키고(1322) 이탈리아에 정치적으로 손을 뻗치기 시작하자, 교황 요한 22세는 1323년 10월에 루드비히 왕의 선출을 무효로 선언했다. 교황이 선출 결과를 인준하지 않았기 때문이라는 것이었다. 따라서 루드비히 왕이 왕권을 계속 수행할 경우 파문하겠다고 위협했다.[13]

루드비히 왕이 교황의 선언에 저항하여 공의회에 항소하자 교황 요한 22세는 1324년 3월에 루드비히 왕을 파문했다. 게다가 루드비히 왕에게 충성하는 신하들도 파문하고 그 지역에 성무집행정지령을 내렸다.[14] 이로써 타협의 가능성은 사라지고 말았다.

그 사이 루드비히 왕은 로마에서 대관식을 거행했다(1328년 1월).[15]

---

[12] Franz X. Seppelt-Georg Schweiger, *Geschichte der Päpste*, München 1964, 220.

[13] *ibid.*, 221.   [14] *ibid.*

[15] *ibid.*, 224.

황제와 교황 사이의 이러한 갈등은, 교황 요한 22세가 죽은 후(1334) 교황 베네딕도 12세(1334~1342)를 거쳐 교황 클레멘스 6세(1342~1352)에 이르기까지 계속된다.

당시 독일 상황은 대단히 어려웠다. 교황의 성무집행정지령에도 불구하고 독일 도시들은 황제 편을 들었다. 도미니코회는 총회에서 교황 편을 들기로 결정했다.[16] 이러한 상황 속에서 하인리히 소이세가 살던 콘스탄츠의 수도원은 1339~1346/47년까지 도시를 떠나야 했다.[17]

1.3 도미니코회 수녀원과 베기네

13세기 후반에서 14세기 전반기까지 도미니코회는 전성기를 맞이한다. 특히 독일 관구가 그러했다. 라인 강 골짜기를 따라 형성된 도시 바젤, 슈트라스부르크, 쾰른이 중심지였다. 바로 이 지역에서 소위 '독일 신비사상'이 태동했다.[18]

14세기 초가 되자, 독일 관구 내 이 지역에서는 갑자기 수많은 도미니코회 수녀원이 생겨났다. 그 수가 70개나 되었고 슈트라스부르크 한 도시에만 7개의 도미니코회 수녀원이 있었다. 각 수녀원에는 50명 정도의 수녀들이 살았고 더러는 80명의 수녀들이 사는 곳도 있었다.[19]

그리고 이들 중 많은 여성이 유복한 집안(예컨대 봉건 영주) 출신이어서, 수준 높은 교육을 받고 교양을 쌓았다. 영성도 초보 단계를 지나 이미 높은 수준에 들어서 있는 사람이 많았다.[20]

---

[16] Walter Senner OP, *op. cit.*, 11.

[17] *ibid.*

[18] Frank Tobin (ed.), *op. cit.*, 15-16.

[19] *ibid.*, 16.   [20] *ibid.*

이러한 '수녀원을 돌보고 지도하는 일'(cura monialium)이 도미니코회 수도자(성직자)들에게 맡겨져 있었는데, 이 일을 하려면 교양 있고 박학해야 했다.[21] 마이스터 엑카르트, 요한네스 타울러, 하인리히 소이세 등이 그 소임을 맡았다.

이들 박학한 수도자와 교양 있는 피지도자 사이에서 신비사상이 활발히 전개되고 그 깊이를 더해 갔다.[22]

영성생활을 추구한다 해서 다 수녀원에 들어갈 수는 없었다. 수녀원에 들어갈 수 없던 사람이나 다른 이유 때문에 수녀원에 들어가기를 원치 않았던 사람들은 다른 길을 택했다.

이런 상황이 소위 '베기네'와 '베가르드'를 태동시켰다.[23] '베기네'는 여성이었다. 그들은 대부분 여기저기 모여서 공동생활을 했지만 일정한 규칙도 없었고 수도서원도 하지 않았다. 그들은 스스로 일해서 생계를 유지했다. 그리고 기도와 고행을 하면서 독신생활을 했다.[24]

'베가르드'는 남성이었다. 이들은 '베기네'에 비해서 수도 적고 활동도 두드러지지 않았다. 그 시대, 더러는 이들을 속임수 쓰는 위선자라 하고 더러는 수도자보다 더 경건한 사람들이라고 칭찬했다.

이들 '베기네'와 '베가르드'에 대한 영성 지도가 부분적으로 도미니코회 수도자들에게 맡겨졌다.[25]

그 외에도 당시에는 '신의 친구들'이라고 불리는 사람들이 있었다. 이들은 개별적으로 진지하게 경건한 생활을 추구하던 사람들이었다.[26]

---

[21] *ibid.* [22] *ibid.* [23] *ibid.*

[24] 정달용 「중세의 여성 신비가」 한국 중세철학연구소 편 『중세철학』 2, 분도출판사 1996, 145-79 참조.

[25] Frank Tobin (ed.), *op. cit.*, 17. [26] *ibid.*

'자유정신의 형제자매들'이라 불리는 사람들도 있었다. 이들은 조직을 가진 단체이기보다는 지역 단위로 뜻을 같이하는 사람들의 무리였다.

교회 당국은 그들의 가르침을 위험한 사상으로 여겨 비엔 공의회(1311~1312)에서 단죄했다.[27]

이들의 가르침에 의하면, 인간은 이 세상에서 이미 죄 없이 완전한 상태에 이를 수 있다. 이 상태에 이른 사람은 더는 고행할 필요도 없다. 그들은 이제 완전히 자유로워졌기 때문에, 어떠한 율법에도 구애받지 않고 육체가 원하는 대로 행동해도 된다.[28]

어떤 사람들은 이 가르침의 원천이 마이스터 엑카르트의 가르침이라고 생각했다.[29] 하인리히 소이세는 이들의 '자유정신'으로부터 마이스터 엑카르트의 신비사상을 구별해 냄으로써 그를 옹호했다.

학문적 노선 갈등, 정치적 대립, '베기네'와 '자유정신의 형제자매들'의 영성운동의 와중에서 독일 도미니코 수도회의 수많은 수도원장이 경질되었다.

1300년에 마그데부르크와 취리히, 1301년에 소에스트, 1307년 슈트라스부르크 총회에서는 슈트라스부르크, 프랑크푸르트, 뷔르츠부르크, 슈파이어, 보름스, 프라이부르크 등의 수도원장들이 경질되었다.[30]

이러한 대대적인 경질을 단순히 이런저런 하나의 이유만으로 설명해 버릴 수는 없을 것이다. 아직 밝혀지지 않은 것이 많다.[31]

---

[27] *ibid.*

[28] *ibid.*; 정달용, 위의 글, 168-71 참조.

[29] Frank Tobin (ed.), *op. cit.*, 18.

[30] Walter Senner OP, *op. cit.*, 15.

[31] *ibid.*, 17.

2. 청소년기 · 수학기(1295~1327)

2.1 청소년기

하인리히 소이세(라틴어로 Suso)는 '자서전' 한 권을 남겼다. 그러나 이 자서전은 자신의 생애를 기록했다기보다는 다른 사람을 종교생활로 이끄는 데 중점을 두었기 때문에, 여기저기 생애의 편린들만 엿보일 뿐이다.

소이세는 1295/7년 남독 보덴 호수 옆 콘스탄츠(또는 어머니의 고향 위버링젠)에서 지방 유지였던 베르크의 하인리히Heinrich von Berg와 쉬스의 메히틸드Mechthild von Süs 사이에서 태어났다.[32]

사업(직물 도매업)에 몰두한 아버지는 종교에 별 관심이 없었다.

어머니는 신앙이 돈독하여 아들이 깊은 종교심을 가지도록 교육했다. 어머니의 깊은 영향 때문에 아들은 훗날 아버지 성姓(Berg)이 아닌 어머니 성(Süs)을 따라 소이세Seuse라 했다.[33]

소이세는 13세 때 수도원의 특별 배려로 콘스탄츠의 도미니코회 수도원에 입회한다. 당시 도미니코회 규정에 의하면, 만 15세가 되어야 비로소 입회할 수 있었기 때문이다.[34]

2.2 수학기

쾰른의 수도회 대학에서 공부했다는 사실 말고는 하인리히 소이세의 수학 과정에 대해 알려진 바가 없다.[35] 따라서 당시 도미니코회의 교육과정을 통해 간접적으로 추정할 수 있을 뿐이다.

---

[32] Kurt Ruh, *op. cit.*, 417.　　　　　[33] *ibid.*

[34] *ibid.*, 418; Walter Senner OP, *op. cit.*, 5-6.

[35] Walter Senner OP, *ibid.*, 6.

소이세는 기본 교육과정을 콘스탄츠의 수도원에서 마쳤을 것이다. 도미니코회 수도원이 적어도 한 명의 전문 강사를 둔 학원이었기 때문이다. 이어서 논리학 과정(Studium logicalium)과 자연학 과정(Studium naturalium)이 따라오는데, 적어도 논리학 과정은 콘스탄츠의 수도원에서 수료했을 것이다.[36] 자연학 과정은 좀 더 수준이 높은 관구 학원에서 밟았을 것이다.

이어서 신학 과정이 이어지는데, 그것은 성경 강의, 페트루스 롬바르두스Petrus Lombardus(1100~1160)의 『명제집』 강의와 정기 토론으로 구성되었다.[37] 소이세는 슈트라스부르크의 관구 학원에서 수학을 계속하며 아마도 이때 마이스터 엑카르트의 강의를 들었을 것이다.[38] 이어서 1327년에 쾰른의 수도회 대학에서 신학 과정을 마쳤을 것이다. 그 사이 소이세는 마이스터 엑카르트의 소송을 경험했을 것이다.[39]

3. 콘스탄츠 수도원 강사 시기(1327~1339)

1327년경, 하인리히 소이세는 콘스탄츠로 돌아와 자신이 한때 교육받았던 수도원의 강사직을 수행하면서 수도자들을 교육한다.[40]

이 시기에 소이세는 첫 작품 『진리의 서』Das Büchlein der Wahrheit와 둘째 작품 『영원한 지혜의 서』Das Büchlein der ewigen Weisheit를 차례로 저술한다. 『진리의 서』에는 엄격한 '이론'이 전개되는 반면 『영원한 지혜의 서』에는 구체적 '실천'이 전개된다.

---

[36] *ibid.*, 17.   [37] *ibid.*, 18.

[38] *ibid.*; Kurt Ruh, *op. cit.*, 418.

[39] Kurt Ruh, *ibid.*, 418.

[40] *ibid.*

소이세는 독일어 저서 『영원한 지혜의 서』를 대본으로 『지혜의 시계』 *Horologium Sapientiae*를 라틴어로 저술한다. 그의 저서를 독일어권을 넘어 다른 여러 나라에서도 읽히려는 의도에서였다.

실제로 『영원한 지혜의 서』는 중세 독일에서 가장 많이 읽힌 책들 중 하나다. 『지혜의 시계』는 네덜란드, 프랑스, 영국, 이탈리아 등 독일어권 밖에서 대단한 호응을 불러일으켰다.

3.1 『진리의 서』

1. 형태와 내용

『진리의 서』[41]의 집필 연대에 대해서는 여러 견해가 있지만, 이르게는 1326년, 늦게는 1330년경이라는 견해가 대세다.

14세기 초 독일 도미니코회 내에 서로 다른 철학·신학적 노선이 갈등을 빚고 있었다는 사실[42], 특히 마이스터 엑카르트가 1329년 3월 27일에 아비뇽의 교황청으로부터 단죄된 후, 리히텐베르크의 요한네스 피카르디, 슈트라스부르크의 니콜라우스, 슈테른가센의 요한네스 등이 속한 노선이 프라이베르크의 디트리히, 마이스터 엑카르트, 모스부르크의 베르톨트 등이 속한 철학·신학적 노선을 격렬히 비판했다는 사실[43]을 감안하면, 『진리의 서』는 당시 토미스트들의 비판에 대응하면서 엑카르트의 노선을 옹호·해명하기 위해 저술되었다고 보는 것이 옳다. 그렇다면 『진리의 서』는 1330년 전후에 저술되었다고 보는 것이 타당하다.[44]

---

[41] Loris Sturlese - Rüdiger Blumrich (hrsg.), Heinrich Seuse, *Das Buch der Wahrheit. Das Buechli der Wahrheit*, Kritische Ausgabe, Mittelhochdeutsch-Deutsch (Philos. Bibliothek 458), Hamburg 1993.

[42] 각주 14, 15 참조.   [43] 각주 34 참조.

[44] Loris Sturlese - Rüdiger Blumrich (hrsg.), *op. cit.*, XV.

더욱이 『진리의 서』 제7장에 단죄된 엑카르트의 4개 명제, 즉 '신성과 신', '신과 피조물', '신과 그리고 신과 하나가 된 인간', '그리스도와 그리고 그와 하나가 된 인간'이 글자 그대로 나열되어 있다는 사실[45]을 감안하면 그것은 확실하다 하겠다.

모두 8장으로[46] 구성된 『진리의 서』는 '진리'와 '제자' 사이의 대화 형태를 띤다. 표제의 '진리'라는 말마디에서 드러나듯, 여기서는 이론적 측면이 두드러진다. '진리'는 가르치고, '제자'는 배운다. 여기서는 '안다'는 것이 문제다. '놓아두고 있기'[47]라는 소이세의 기본 주제가 그 내용이다. 말하자면, 인간은 '모든 것을 놓아두고' '자신마저도 놓아두고'[48] 있어야 한다는 것이 이 책의 기본 주제다.

여기서 소이세가 말하는 '놓아두고 있기'라는 주제는, 마이스터 엑카르트의 기본 주제인 '버리고 떠나 있기'[49]와 다른 것이 아니다. '모든 것을 버리고 떠나 있기, 자신마저도 버리고 떠나 있기'[50]와 다른 것이 아니다. '놓아두고 있기'가 바로 '버리고 떠나 있기'이며, '버리고 떠나 있기'가 바로 '놓아두고 있기'이기 때문이다.

나아가, 하인리히 소이세와 마이스터 엑카르트의 귀결 또한 서로 다르지 않다. '모든 것을 놓아두고' 있을 때, '자신마저도 놓아두고' 있을 때,

---

[45] *ibid.*, XIV.

[46] 『진리의 서』는 현재 Loris Sturlese - Rüdiger Blumrich가 공동으로 출간한 대역 비판본에서만 8장으로 구분되어 있다. 이하에서는 이 구분을 따르겠다.

[47] Loris Sturlese - Rüdiger Blumrich (hrsg.), *op. cit.*, 5, 19, 67.

[48] Loris Sturlese - Rüdiger Blumrich (hrsg.), *op. cit.*, 19-23.

[49] Meister Eckhart. *Die Deutschen Werke,* Bd. II, hrsg. und übersetzt von Josef Quint, Stuttgart 1988, 528(현대어 번역, 732).

[50] Meister Eckhart, *op. cit.*, 528(현대어 번역, 732).

'모든 것을 버리고 떠나' 있을 때, '자신마저도 버리고 떠나' 있을 때, 인간은 '신성과 하나가 된다'[51]는 귀결 역시 같다.

문제는 사람들이 '놓아두고 있기', '버리고 떠나 있기'를 '그르게' 알아들을 수 있다는 데 있다. 실제로 그러한 오류에 빠진 사람이 많다.[52] 소이세는 무엇보다도 '놓아두고 있기', '버리고 떠나 있기'를 '바르게' 알아듣는 것이 중요하다고 한다.

소이세는 『진리의 서』에서 '바르게 놓아두고 있기'(die rechte Gelassenheit)를 제시한다.[53] 바로 이 점에서 하인리히 소이세는 스승 마이스터 엑카르트를 옹호하기도, 보완하기도 한다.

여기서 독특한 점은 소이세가 마이스터 엑카르트의 저서가 아니라, 위 디오니시우스 아레오파기타의 저서를 전거로 해서 '간접적으로' 엑카르트를 옹호하고 있다[54]는 것이다.

소이세의 신중한 태도가 여기서 드러난다.

2. 텍스트

예전에 어떤 사람(소이세 자신)이 있었다. 젊은 날 그는 온갖 외적 훈련을 쌓았지만 뭔가 부족하다는 사실을 알았다. 그러나 그것이 무엇인지는 몰랐다. 그렇게 오랜 세월을 보냈다.

어느 날 문득 한 소리가 마음속에서 들려왔다.

---

[51] Loris Sturlese - Rüdiger Blumrich (hrsg.), *op. cit.*, 23, 27, 33; Meister Eckhart, *Die Deutschen Werke,* Bd. V, hrsg. und übersetzt von Josef Quint, Stuttgart 1987, 117-9(현대어 번역, 503-504).

[52] Loris Sturlese - Rüdiger Blumrich (hrsg.), *op. cit.*, Kap. VII, 57ff.

[53] *ibid.*, Kap. VI, 27ff.; Kap. VIII, 67ff.

[54] *ibid.*, Kap. II, 7ff.

"'내적으로 놓아두고 있기', 그것이 인간을 '최상의 진리'로 인도한다는 사실을 너는 알아야 한다."[55]

그리하여 그는 '영원한 진리'에게 청했다.

그가 가야 할 곳(목표)에 이르기 위해서, 무엇이 '바르게 놓아두고 있기'인지[56], 무엇이 '무질서한 자유', '그르게 놓아두고 있기'(die falsche Gelassenheit)[57]인지 가르쳐 달라고, 이들을 '올바로 구별'하게 해 달라고 청했다.[58]

이제 그는 '제자'가 되어 묻고, '진리'는 스승이 되어 답한다.

'놓아두고 있기'

'진리'가 말한다.

'단순한 하나'를 찾는 사람은 자신과 모든 사물의 '근원'을 알아야 한다. 그것이 그의 궁극 목표이기 때문이다.[59]

위디오니시우스 아레오파기타(와 다른 스승들)은 '단순한 하나'를 '말해 낼 수도 없고', 개념으로 '파악해 낼 수도 없다'[60] 했다. 그것은 '비존재' 또는 '무'라 했다.[61] 그것은 '영원한 무'라 했다.[62]

'놓아두고 있는 사람'은 이러한 '단순한 하나'를 가지고 시작한다.

그와 '하나가 되는 것', 그것이 그의 목표다.[63]

---

[55] *ibid.*, Kap. I, 3.　　　　[56] *ibid.*, Kap. I, 5.　　　　[57] *ibid.*

[58] *ibid.*　　　　[59] *ibid.*, Kap. II, 7.

[60] *ibid.*; Ps. Dionysius Areopagita, Corpus Dionysiacum, Bd. I, *De divinis nominibus*, cap. 1, 1 (585B); Meister Eckhart, *Die Deutschen Werke* I (Predigt 23), 402(현대어 번역 522).

[61] Loris Sturlese - Rüdiger Blumrich (hrsg.), *op. cit.*, 7; Ps. Dionysius Areopagita, *op. cit.*, cap. 1, 1 (588B); Meister Eckhart, *op. cit.* (Predigt 6), 107(현대어 번역 454).

[62] Loris Sturlese - Rüdiger Blumrich (hrsg.), *op. cit.*, 9.

[63] *ibid.*

'제자'가 묻는다.

'하나'가 전적으로 단순하다면 '다양성'은 도대체 어디서 오는가?[64] 더러는 그러한 다양성을 '지혜'라 하고, 더러는 '선성'이라 하고 또 더러는 '의로움'이라 한다. 신학자들은 그것을 '신적 삼위성'이라 한다.[65] 이처럼 '순수한 하나'가 수많은 '다양성'을 가진다. 어찌된 일인가?

'진리'가 답한다.

다양성의 토대는 '단순한 하나'다.[66] 여기서 토대란 '원천과 근원'을 말한다. 그로부터 '유출'이 시작된다.[67] 이것이 '신성의 본성이며 존재'다. 이러한 심연의 토대에서 '신적 삼위'는 그 '하나'로 돌아간다.[68] 그것은 아무런 작용도 하지 않는 고요한 암흑이다.[69]

'제자'가 묻는다.

무엇이 그로 하여금 작용하게 하는가?

'진리'가 답한다.

그것은 '아버지로서의 신적 본성'이다. 말하자면, '신성이 신 속으로 떨쳐 들어가는 것이다'.

'제자'가 묻는다.

그것은 하나이며 같은 것이 아닌가?

'진리'가 답한다.

물론 '신성'과 '신'은 하나다.[70] 그럼에도 불구하고 '신성'은 활동하지도 낳지도 않는 반면, '신'은 활동하고 낳는다.[71]

---

[64] *ibid.*, Kap. III, 7.　　　　[65] *ibid.*

[66] *ibid.*, 11.　　　　[67] *ibid.*

[68] *ibid.*　　　　[69] *ibid.*

[70] *ibid.*　　　　[71] *ibid.*, 11-3.

여기에는 '상이성'이 개입한다. 그러나 그것은 인간의 이성이 구별하는 것이다. 근본에 있어서는 '하나이며 동일하다'.[72]

이러한 '하나'로, '신성'으로 우리는 뚫고 들 수가 없다. 그것은 '암흑'이기 때문이다.

인간과 모든 사물은 '영원한 이데아'로서 신 속에 있었다. 모든 피조물은 영원히 '신 속에서 신'이었다. 거기는 어떤 차이도 없었다.[73] '신 속에' 있는 한, 신과 '같은 하나'인 한, 그들은 신과 같은 생명·본질·능력을 가졌다.

그러나 피조물이 '신으로부터 흘러나온' 후에 '차이'가 생겨났다.[74] 예컨대 돌멩이는 신과 다른, 그 고유한 형상(forma)을 가지는 돌멩이가 되었다.

돌멩이는 돌멩이고, 신이 아니게 되었다.

신은 신이고, 돌멩이가 아니게 되었다.

그러나 돌멩이(피조물)는 신으로부터 나왔다.

이제 신은 돌멩이의 신이 되었다.[75]

'제자'가 묻는다.

이제 '돌파'에 대해서, 피조물이 그리스도를 통해서 다시 신에게 이르러 '지복'至福을 누리게 되는 돌파에 대해서 알고 싶다.[76]

'진리'가 답한다.

먼저 신의 아들 그리스도가 인간과의 '상이성' 이전에 '동일성'을 가졌다는 사실을 알아야 한다.

양자 사이에 동일성이란 '인간적 본성'이다. 그리스도는 참된 인간이다. 그는 인간적 본성을 취했다.[77] 이 점에서 그리스도와 인간은 동일하다.

---

[72] *ibid.*

[73] *ibid.*, Kap. IV, 13.

[74] *ibid.*, 15.

[75] *ibid.*

[76] *ibid.*, Kap. V, 17.

[77] *ibid.*

그러나 그리스도는 '인간적 위격'을 취한 것이 아니다. 그는 신의 아들로서 '신적 위격'을 지니고 있다.

다른 모든 인간은 '인간적 위격'만 지닌다. 인간은 아무리 자신을 떠나도, 아무리 진리에 몰입해도, 인간적 위격을 벗어나 신적 위격이 되지는 않는다.[78]

따라서 '신에게 되돌아가려는 사람', 그리스도 속에서 '신의 아들'이 되려는 사람은 자신을 떠나 그리스도에게 향해야 한다. 그렇게 할 때 비로소 자기 목표에 이를 수 있다.[79]

'바르게' 놓아두고 있기

'제자'가 묻는다.

무엇이 '바르게' 놓아두고 있기인가?[80]

'진리'가 답한다.

'자기를 놓아두다'라는 말을 잘 살펴보라.

먼저 '자기'를 살펴보라.[81]

모든 사람은 다섯 '자기'를 가지고 있다.

첫째, 돌멩이와 함께 가진 '존재'다.

둘째, 식물과 함께 가진 '성장'이다.

셋째, 동물과 함께 가진 '감각'이다.

넷째, 다른 모든 사람과 함께 가진 '보편적 인간 본성'이다.

다섯째, 그에게 고유한 '개별적 인간'이다. 자신의 정신과 육체다.[82]

---

[78] *ibid.*   [79] *ibid.*

[80] *ibid.*   [81] *ibid.*

[82] *ibid.*, 21.

'자기를 놓아둔다'는 것은 바로 이 다섯 자기를 놓아두는 것을 말한다.

'바르게 놓아두기'를 원하는 사람은 세 가지 점에서 자신을 살펴보아야 한다.

첫째, 자신의 '나'라는 것이 '아무것도 아니라는' 사실을 알아야 한다. 나와 모든 사물이 '무'라는 사실을 알아야 한다.[83]

둘째, 신과 '신비적 일치'에 이른 사람은, 자신이 신 속에서 사라져 버리는 것이 아니라는 사실을 알아야 한다.[84] 그것은 물 한 방울이 술통 속에서 술이 된다 해도 그 자신이 사라져 버리는 것은 아닌 것과 같다.

셋째, 자신을 온전히 비우고 자기 의지를 포기하여 '그리스도와 같은 모습'을 지녀야 한다는 사실을 알아야 한다.[85]

그와 같이, 모든 것과 자신을 '놓아두고 있는 사람'은 그리스도와 같은 사람이 되어, 바오로 사도처럼 "이제는 내가 사는 것이 아니라 그리스도께서 내 안에 사시는 것"(갈라 2,20)이라고 말할 수 있게 된다.[86]

모든 것과 자신을 '놓아두고 있는 사람'은 자신의 모습을 벗어나 원초적인 '단순한 하나', 즉 신성의 모습을 지니게 되어 그 신성과 하나가 된다.[87]

이것은 물 한 방울이 술통 속에서 술이 되는 것과 같다. 술통 속에서 물은 물로 남아 있으면서 술이 되어 버린다.[88]

'제자'는 이제 감각을 벗어난 세계로 안내된다.

---

[83] ibid.   [84] ibid., 21-3.

[85] ibid., 21.

[86] ibid., 21-3.

[87] ibid., 27; Meister Eckhart, *Die Deutschen Werke, V, Von dem edeln menschen*, 112(현대어 번역 500).

[88] ibid., 23; Bernhard von Clairvaux, *De diligendo Deo*, cap. X, 28(성 베르나르도 『주 사랑하기』 최익철 역, 도서출판 크리스챤 1988, 84).

거기 '십자가에 달린 사람'이 있다. 그리고 두 부류의 사람들이 십자가에 다가가지 않고 그 주위에서 서성거리고 있다.

한 부류는 그를 내면적으로만 보고 외면적으로는 보지 않는다. 다른 부류는 그를 다만 외면적으로만 보고 내면적으로는 보지 않는다.[89]

내면적으로만 보는 사람들은 그리스도의 모습을 다만 이성으로만 보면서 그를 묵상하지만, 그것이 그의 생활에는 아무런 영향을 미치지 못한다.[90] 외면적으로만 보는 사람들은 그리스도의 모습을 다만 감각으로 그 겉모습만 보면서 엄격한 고행의 생활을 하지만, 그리스도의 부드럽고 자상한 모습을 지나쳐 버린다.[91]

'제자'가 묻는다.

어떻게 인간은 '지복'에 이르는가?

'진리'가 요한 복음으로 답한다.

신은, 그에게서 태어난 모든 사람에게 '신의 아들'이 되는 힘과 능력을 주었다(요한 1,12 참조).[92] 이렇게 '태어난 것'은 '태어나게 한 것'과 같은 본질이며 같은 작용을 한다.[93]

'지복'이란 '신과 하나가 되는 것'이다. 모든 것이 하나 속에서 하나이기 때문이다.[94]

'신비적 일치' 속에서 (신적) '무'와 하나가 된 사람은 '무의 행위'와 하나가 된다. 이러한 상태에서 인간은 인간으로서 행위하지 않기 때문이다.[95]

---

[89] Loris Sturlese - Rüdiger Blumrich (hrsg.), *op. cit.*, 27-9.

[90] *ibid.*, 31.   [91] *ibid.*, 33.   [92] *ibid.*

[93] *ibid.*; Meister Eckhart, *Die Deutschen Werke* V, *Von dem edeln menschen*, 119(현대어 번역 504).

[94] Loris Sturlese - Rüdiger Blumrich (hrsg.), *op. cit.*, 51.

[95] *ibid.*, Kap. VII.

'그르게' 놓아두고 있기

'제자'가 어느 날 명상에 잠겨 있었다.

그때 어떤 '형상'이 그에게 다가왔다.

제자가 묻고 형상이 대답한다.[96]

어디서 왔느냐?

어느 곳에서도 아니다.

너는 무엇이냐?

아무것도 아니다.

무엇을 원하느냐?

아무것도 원하지 않는다.

네 이름이 무엇이냐?

'이름 없는 야생아'다.[97]

네 이성의 목표가 무엇이냐?

구애받지 않는 자유다.

그것은 인간이 전적으로 '제 살고 싶은 대로' 사는 것이다. 신도 세계도
상관하지 않고, 앞도 뒤도 가리지 않는 것이다. '구애받지 않는 자유'는 아
무것도 고려하지 않는다.[98]

'야생아'는 자기 이론을 뒷받침하기 위해 어느 '뛰어난 스승'을 끌어들인
다. 그 스승은 '신과 피조물 사이의 모든 차이성을 부인하고 있다'고 그는
주장한다.

---

[96] *ibid.*

[97] *ibid.*

[98] Markus Enders, *Das mystische Wissen bei Heinrich Seuse*, Paderborn - München -
Wien - Zürich 1993, 88(Enders는 Kap. VII의 이 부분을 잘 정리했다. 이하에서는 그를 따라
가 보겠다).

'야생아'가 말하는 뛰어난 스승이란 물론 마이스터 엑카르트다.[99] 그리고 '모든 차이성을 부인한다'는 말은 쾰른의 대주교 비르네부르크의 하인리히Heinrich von Virneburg가 엑카르트를 상대로 소송에 걸었던 명제들을 글자 그대로 제시하고 있다.

그 명제란 '신의 단일성 속에서 신적 위격들 사이의 차이성', '신과 사물 존재 사이의 차이성', '신과 하나가 된 영혼 사이의 차이성', '그리스도와 그리고 그리스도로 변화된 인간 사이의 차이성'이다.[100]

'야생아'는 뛰어난 스승 마이스터 엑카르트가 이러한 '모든 차이성을 부인하고 있다'고 주장한다.[101]

제자는 '비차이성'과 '차이성'을 다음과 같이 구별하면서 '야생아'의 주장을 반박한다.

첫째, 뛰어난 스승 마이스터 엑카르트에 의하면 '신성', 즉 '신적 존재의 단일성'은 어떤 '차이성'도 지니지 않는다. '근저와 존재에 있어서' 신적 세 위격은 서로 다르지 않다. '비차이성'을 지닌다.[102] 그러나 '위격적 차이와 상호 간의 관계에 있어서는' 서로 다르다. '차이성'을 지닌다.[103]

따라서 뛰어난 스승의 신에 대한 언표는, 그것이 위격적 차이성에 대한 것인지 본질적 동일성에 대한 것인지 정확히 구별해서 알아들어야 한다.[104]

둘째, 마이스터 엑카르트에 의하면 모든 피조물은, 자기의 고유한 존재를 지니기 전에는 '신 속에' 있었다. 그리하여 신과 '다르지 않았다'. '동일성'을 지니고 있었다.[105]

---

[99] ibid.   [100] ibid.
[101] ibid., 89.   [102] ibid.
[103] ibid.   [104] ibid., 90.
[105] ibid., 91.

그러나 모든 것이 신으로부터 흘러나오면서 신과는 다른 하나하나의 것 (개체), 서로 다른 하나하나의 것이 생겨나게 되었다. 말하자면 그 자체로는 비차이성을 지닌 하나로부터 차이성이 생기게 되었다.

이제 돌멩이는 돌멩이고 신이 아니게 되었다. 신은 신이고 돌멩이가 아니게 되었다. 나아가 돌멩이는 돌멩이고 사자가 아니게 되었다. 사자는 사자고 돌멩이가 아니게 되었다.[106]

이때 신과 피조물 사이의 차이성이란 '분리'(Trennung und Scheidung)가 아니라 '구별'(Unterscheidung)이다. 그리하여 '차이성'은 동시에 '비차이성'을 지니게 된다.[107] 이 사상에는 플로티누스, 프로클로스, 위디오니시우스 아레오파기타로 이어지는 신플라톤 철학의 영향이 엿보인다.[108]

셋째, 마이스터 엑카르트에 의하면, 신과 하나 된 인간과 신은 비차이성을 지닌다. 그러나 이러한 비차이성은 다시금 이 둘이 서로 '구별'되지만 '분리'되지는 않는다는 것을 뜻한다.[109]

넷째, 마이스터 엑카르트에 의하면 그리스도와 하나 된 인간과 그리스도는 비차이성을 지닌다.[110] 그럼에도 불구하고 양자 사이에는 '신의 아들' 이라는 점에서 차이성을 지닌다.

그리스도는 '그 본성에 있어서' 신의 아들인 반면, 그리스도와 하나가 된 인간은 '새로 태어났기 때문에', '은총으로' 신의 아들이 된다. 그리하여 이 점에서 양자는 '비차이성'과 더불어 '차이성'을 지닌다.[111]

소이세에 의하면, 이러한 심오한 진리를 올바른 이성으로 제때 제대로 구별해 내지 않을 때 우리는 엄청난 위험에 빠져 버린다.

---

[106] *ibid.*, 92.　　[107] *ibid.*

[108] *ibid.*, 89.　　[109] *ibid.*, 93.

[110] *ibid.*, 93.　　[111] *ibid.*, 104.

인간과 신 사이의 모든 차이성을 배제해 버리고, 인간이 자신을 '신이라고' 착각하여, 일체의 제한과 속박에서 벗어나 '절대적으로 자유롭다'고 생각하게 된다.[112]

'놓아두고 있는 사람'

'제자'가 묻는다.[113]

'놓아두고 있는 사람'은 어떻게 일상을 살아가는가?

'진리'가 답한다.

그는 자신과 모든 사물을 놓아두고 있다.

'제자'가 묻는다.

바오로 사도는 "율법이 의인 때문에 있는 것이 아니라"(1티모 1,9) 했다.[114]

'진리'가 답한다.

의로운 사람에게는 율법이 없다는 것은, 그가 모든 일을 '놓아두고 있으면서' 하기 때문이다. 흔히 사람들은 모든 일을 '억지로' 하는데 말이다.[115]

'제자'가 묻는다.

놓아두고 있는 사람은 '외적인 행위'로부터 자유로운 것이 아닌가?

'진리'가 답한다.

참으로 놓아두고 있는 사람은 '행위'하면서도 '쉬고 있다'.

'일'하면서도 '한가롭다'.[116]

---

[112] Loris Sturlese - Rüdiger Blumrich (hrsg.), *op. cit.*, Kap. VIII, 67.

[113] *ibid.*

[114] *ibid.*, 67-9.

[115] *ibid.*, 69.

[116] *ibid.*, 71.

'제자'가 묻는다.

참으로 '놓아두고 있는 사람'의 사는 모습은 어떠한가?[117]

'진리'가 답한다.

사람들 앞에 나서지 않는다.

말을 많이 하지 않는다.

일이나 사물에 집착하지 않는다.

마음이 고요하다.[118]

'놓아두고 있는 사람'은, 우선 모든 것의 근원과 목표가 '단순한 하나'라는 사실을 아는 사람이다. 모든 것은 '신으로부터 나와 신에게로 향한다'는 사실을 아는 사람이다. 이 '단순한 하나'는 '이것'도 '저것'도 아니다. 그 어느 것도 아니다. 그것은 '비존재'요 '무'다.

그는 '이것'도 '저것'도 아닌 '비존재', 즉 '무'와 하나가 되기 위해 '이런 것' '저런 것' '모든 것'을 버리고 떠나 있다. 자신마저 버리고 떠나 있다. '이런 것' '저런 것' '모든 것'을 놓아두고 있다. 자신마저 놓아두고 있다.

나아가, 그는 '그르게 버리고 떠나 있기'와 '바르게 버리고 떠나 있기'를 구별할 줄 안다. '그르게 놓아두고 있기'와 '바르게 놓아두고 있기'를 구별할 줄 안다.

'그르게 버리고 떠나 있는 사람', '그르게 놓아두고 있는 사람'은 비차이성과 차이성을 구별할 줄 모른다. 그리하여 차이성을 전혀 고려하지 않은 채 동일성만을 고집하면서, '단순한 하나'와 하나가 된다는 것, '무'와 하나가 된다는 것을 자신이 그 '단순한 하나' 그리고 '무'와 전적으로 같아지는 것이라고 생각한다.

---

[117] *ibid.*　　　[118] *ibid.*

그는 결국 자신이 신과 전적으로 같아진다고 생각한다. 그 때문에 자신이 모든 것으로부터, 모든 행위로부터 전적으로 자유로워진다고 생각한다. 결국 자기 뜻대로, 자기 마음대로 행동해도 된다고 생각한다.

'바르게 버리고 떠나 있는 사람', '바르게 놓아두고 있는 사람'은 '비차이성'과 '차이성'을 구별할 줄 안다. 비차이성은 자기 속에 차이성을 지니고 있으며 차이성은 자기 속에 비차이성을 지니고 있다는 사실을 잘 안다.

자기 자신이 '단순한 하나', '무'와 하나가 된다 할지라도, 비차이성에도 불구하고 차이성을 지닌다고 생각한다. 신과 하나가 된다 할지라도, 비차이성에도 불구하고 차이성을 지닌다고 생각한다.

그리하여 그는 모든 행위를 떠나 버리지 않는다. 다만 그러한 행위를 자기 뜻대로, 마음대로(자기 의지에 집착하여) 하지 않고, 놓아둔 채 수행한다.

'진리'는 마지막으로 '제자'에게 말한다.

이제 질문은 이로써 족하다. 사람은 질문을 통해서가 아니라, '바르게 놓아두고 있기'를 통해서 감추어진 '진리'에 이르기 때문이다.[119]

이로써 소이세는 이론을 문제 삼는 『진리의 서』에서 실천을 문제 삼는 『영원한 지혜의 서』로 넘어간다.

3.2 『영원한 지혜의 서』

하인리히 소이세는 『진리의 서』에 이어 『영원한 지혜의 서』를 저술했다.

집필 연대는 『진리의 서』 집필 연대인 1330년 전후[120]와 『영원한 지혜의 서』를 라틴어로 번역하면서 작업한 『지혜의 시계』 집필 연대인 1331년에서 1334년[121] 사이다.

---

[119] *ibid*., 73. [120] Tobin, 27. [121] Ruh, 435.

『영원한 지혜의 서』는 1330년 네덜란드 마스트리히트Maastricht에서 열린 도미니코회 총회 이후, 그러니까 1330년 이후에 썼을 가능성이 높다.[122]

소이세는 『진리의 서』 때문에 엄한 심문을 받았다.[123] 그 결과 콘스탄츠 수도원 강사직을 박탈당했을 것이다.[124] 이 일을 겪으면서 소이세는 개인적으로 엄청나게 고통스러워 했다.[125] 아마 이런 상황 속에서 저 유명한 '발싸개를 가지고 노는 개'의 현시顯示[126]를 보았을 것이다.

그리스도의 고난과 고통을 서술하는 『영원한 지혜의 서』의 배경에는 소이세 자신의 개인적 고난과 고통이 깔려 있다고 봐도 무방할 것이다.

강사직에서 물러난 소이세의 역할은 달라진다.

지금까지는 '앎의 스승'이었으나 이제는 '삶의 스승'이 된다.

『진리의 서』에서는 '앎'을 이론적으로 얻어 내려는 '제자'였으나, 『영원한 지혜의 서』에서는 '삶'을 실천적으로 얻어 내려는 '종'이 된다.

하인리히 소이세는 작품 전체를 하나로 묶은 『범전』範典(Exemplar; Musterbuch) 서문에서, 『영원한 지혜의 서』가 "일반적으로 쉽게 알아들을 수 있는 가르침을 담고 있다"[127]고 했다.

---

[122] ibid.; Frank Tobin은 이 저서가 Maastricht 총회(1330) 이전에 이미 완성되어 있었다고 본다. 그는 (소이세가) 오류를 담고 있는 '저서들'(Bücher) 때문에 소환되고 심문받았다는 소이세의 말(『생애』 23장)을 근거로 내세우고 있다. 그러나 필자의 견해로는, 여러 해가 경과한 후, 그리고 그동안 『영원한 지혜의 서』와 『지혜의 시계』를 저술하고 난 후였기 때문에, 소이세는 그저 막연히 '저서들'이라고 말했고, 슈타겔 수녀는 그것을 그대로 받아 적은 것 같다.

[123] Hofmann, *Das Leben des Seligen Heinrich Seuse*, Kap. 23, 77.

[124] Ruh, *op. cit.*, 435.

[125] Hofmann, *op. cit.*, 77.

[126] *ibid.*, 67-8.

[127] Heinrich Seuse, *Deutsche mystische Schriften*, Aus dem Mittelhochdeutschen übertragen und herausgegeben von Georg Hofmann, Düsseldorf: Patmos 1966, 12. 이하의 논의는 이 현대어 번역 판본에 근거하며 'Hofmann'으로 인용한다.

『영원한 지혜의 서』 서문에서도 말한다.

"여기 쓴 생각은 쉽게 알아들을 수 있다. 그 표현은 더욱 쉽게 알아들을 수 있다. '단순한 영혼'이 '단순한 사람들'을 위해 쓴 것이기 때문이다."[128]

『범전』은 『영원한 지혜의 서』의 내용을 간단히 요약한다.

"『영원한 지혜의 서』는 우리 주님 예수 그리스도의 고난을 묵상한다. 이 것은 우리가 어떻게 살아야 하고 어떻게 죽어야 하는지를 가르쳐 준다."[129]

『영원한 지혜의 서』는 3부로 구성된다.

제1부는 '예수 그리스도의 고난'을 다룬다.

제2부는 우리의 '안으로 향한 삶'과 '잘 준비된 죽음'을, '그리스도의 고 난을 우리가 따라 사는 것'을 다룬다.

제3부는 제1부에서 다룬 내용을 '백 개의 짧은 묵상'으로 요약한다.

제1부 그리스도의 고난과 고통

어느 날 아침기도 후 어떤 도미니코회 수도자(소이세)가 '십자가상像' 앞에서, 그리스도의 고난과 고통을 제대로 묵상할 수 없음을 괴로워하며 탄식하고 있었다.[130]

그때 갑자기 밝은 빛 속에서 '대답'이 들려왔다.

그것은 '백 개의 묵상'이었다. 그리스도의 혹독한 죽음을 시작부터 끝까지 남김없이 드러내 주는 '백 개의 묵상'이었다.[131] 이를 실천하면서 소이세는 마음의 안정을 얻게 되었다.

---

[128] Hofmann, *op. cit.*, 205.

[129] *ibid.*, 12.

[130] *ibid.*, 203.

[131] *ibid.*

소이세는 자기와 같은 처지에 있는 사람들이 자기처럼 마음의 안정을 얻을 수 있도록 이 묵상들을 기록해 놓았다.[132]

이 사건과 더불어 '종'(소이세)과 '영원한 지혜'(신)의 대화가 시작된다.[133]

제1장 그리스도의 인성人性을 통해 신성神性으로

어떤 사람(소이세)이 신을 떠나 길을 가다가 '영원한 지혜'를 만났다.

'종'은 '영원한 지혜'를 향해 말했다.[134]

"주님, 어릴 때부터 내 마음은 무엇인가를 갈망해 왔습니다. 그러나 그것이 무엇인지는 지금까지도 모르고 있습니다. 나는 그것이 무엇인지 모릅니다. 그러나 그것은 내 마음을 그리로 잡아당기고 있어서 그것 없이는 내 마음이 안정을 찾지 못합니다."

"나는 피조물 속에서 그것을 구하려 했지만 그때마다, 내가 얻어 만난 그 모두에 대해서 '네가 찾고 있는 것은 그것이 아니다'라는 목소리가 마음속에서 들려왔습니다."

"그래서 나는, 모든 사물에 대해서 '그것이 아니다'라고 느낍니다. 그러나 '무엇이 그것인지'는 아직 모릅니다. 주님, 내 속에 숨어서 나를 움직이고 있는 이것은, 도대체 무엇입니까?"

"나는 아직 그것을 보지도 못했고 그것에 대해서 듣지도 못했습니다. 나는 그것이 무엇인지 모릅니다."

'영원한 지혜'가 대답했다.[135]

---

[132] *ibid*., 204.

[133] *ibid*.

[134] *ibid*., 205, 210.

[135] *ibid*., 210.

"놀랄 일이 아니다. 네가 그것을 줄곧 사물 속에서만 찾았기 때문이다. 네가 찾고 있는 것, 그것은 모르는 데서 생겨난다."

"이제 내면의 눈을 떠라. 그리고 보라, 내가 누구인지를. 나는 바로 영원한 지혜다."

"네가 마음대로 나를 떠날 때마다, 그 길을 가로막은 것이 바로 나다. 바로 그 때문에, 네가 사물들 속에서는 언제나 거부감을 느꼈던 것이다."

'종'이 말했다.[136]

"자비로운 지혜시여! 당신이, 내가 그렇게 오랫동안 찾았던 그분입니까? 내가 잠시도 쉬지 않고 줄곧 찾아 헤매던 바로 그분이란 말입니까?"

"이제 나는 당신만을 사랑하고자 합니다. 그러하오니, 내가 당신을 전적으로 사랑할 수 있도록, 내가 당신을 더 알게 해 주십시오."

'지혜'가 대답했다.[137]

"자연의 질서에 따르면, 모든 존재가 그 '제1 근원'에서 흘러나오는 '유출'은 가장 높은 존재'에서 시작하여 '가장 낮은 존재'에 이른다."

"반면, '원천'으로의 '귀환'은 '가장 낮은 존재'에서 '가장 높은 존재'로 흘러든다."

"따라서 나의 '신성'을, 나의 '창조되지 아니한 신성'을 보고자 한다면 너는 나의 '인성'을, 고난당한 나의 '인성'을 알아야 한다.

이것이 '영원한 행복'에 이르는 가장 빠른 길이다."

'지혜'가 말했다.[138]

"태양이 광채를 통해서, 장미가 향기를 통해서 그리고 불이 이글거리는

---

[136] *ibid*., 210-211.

[137] *ibid*., 211.

[138] *ibid*., 212.

열을 통해서 자기를 드러내듯이, 내 사랑은 엄청난 나의 고난을 통해서 자기를 드러낸다."

"따라서 이제, 내가 너를 위해 당한 고난에 잠잠히 귀 기울여 보아라."

제2장 십자가 이전의 고난

'지혜'가 말했다.[139]

"최후 만찬 후, 나는 올리브 산 위에서 죽음의 고통을 앞에 두고 공포와 불안에 휩싸여 피땀을 흘렸다."

"나는 체포되어 묶인 채 연행되었다. 그날 밤, 매 맞고 침 뱉음 당하고 눈을 가리운 채 무수한 학대를 받았다. 아침에는 카야파 앞에서 거짓 증언을 당하고 사형을 판결 받았다."

"굴욕적으로 빌라도 앞에 끌려 나가 고소당하고 사형 언도를 받았다."

"헤로데 앞에서 나를 바보 취급하여 흰옷을 입히고 조롱했다."

"내 몸은 혹독한 매질로 갈가리 찢어졌다."

"내 머리는 가시관의 가시들이 뚫고 들었다."

"내 얼굴은 흘러내리는 피와 뱉은 침으로 뒤범벅되었다."

"나는 사형 언도를 받고 어깨에 십자가를 메고 형장으로 끌려갔다."

"사람들은 '그를 십자가에 못 박아라, 그 악당을 십자가에 못 박아라!' 하고 큰 소리로 외쳤다."

'종'이 말했다.[140]

"오 주님, 이 얼마나 참혹한 일입니까? 시작이 그러하다면, 그 끝은 오죽하겠습니까?"

---

[139] *ibid.*   [140] *ibid.*, 213.

'종'이 물었다.

"그런데 주님, 놀라움을 금치 못하겠습니다.

주님, 나는 '당신의 신성'을 찾고 있는데, 당신은 나에게 '당신의 인성'을 제시하십니다. 나는 '당신의 위로'를 찾고 있는데, 당신은 나에게 '당신의 고통'을 강조하십니다. 오 주님, 도대체 당신의 의도가 무엇입니까?"

'지혜'가 답했다.[141]

"내 인간적 고통을 통하지 않고서는, 아무도 '신적 고귀성'에 이르지 못하고, '신적 위로'도 받을 수가 없다."

"내 인성을 통하지 않고는, 높이 오르면 오를수록 점점 더 깊이 떨어지고 만다."

"내 인성은 걸어야 할 길이다. 내 고난은 통과해야 할 문이다. 만일 네가 찾고 있는 그것을 네가 얻어 내려 한다면 말이다."

'지혜'가 말을 이었다.

"너는 앞으로 견디기 어려운 고통을 앞에 두고 공포와 불안 때문에 피땀을 흘려야 할 것이다."

"옛 습관을 극복하려면 너는 잡혀서 밧줄에 묶여야 할 것이다."

"내 원수들이 네 명예를 손상시키고 공공연히 너를 모욕할 것이다. 사람들은 너를 잘못 판단할 것이다. 그리하여 부당한 판결자들이 일어나, 신을 섬기는 네 삶을 비방할 것이다."

"너는 그러한 삶의 방식 때문에 바보 취급 당하고, 사람에게 조롱의 대상이 될 것이다. (정신적으로) 수없이 매 맞고 가시관을 쓸 것이다. 그리고는 드디어 십자가의 길을 걷게 될 것이다."

---

[141] *ibid.*, 213-4.

'종'이 말했다.[142]

"오 주님, 그것은 참혹한 길입니다. 어떻게 내가 이 모든 것, 그 하나하나를 견뎌 낼 수 있겠습니까?"

'종'이 또 물었다.

"그런데 주님, 이 하나만은 말하지 않을 수 없습니다.

영원한 지혜인 당신이 다른 길을 찾아낼 수 없었단 말입니까? 나를 구하기 위해서, 당신 사랑을 드러내기 위해서, 당신이 그 어려운 고난을 당하고, 내가 혹독한 고통에 동참하는 길 말고는 다른 길을 찾아낼 수 없었단 말입니까?"

'지혜'가 대답했다.[143]

"내 섭리가 마련한 모든 것, 그 신비의 심연은 그 누구도 탐구하려 들어서는 안 된다. 그러나 하나만은 알아 두어라. 자연의 주인은, 그가 무엇을 할 수 있는가를 살펴보지 않는다. 오히려 무엇이 피조물에게 가장 알맞은지 살펴본다. 그리고 그에 따라서 행동한다."

"신이 취한 인성에서보다 신의 신비를 더 잘 알아들을 수 있는 방법이 따로 있겠느냐?"

"방종한 생활로 참된 기쁨을 잃어버린 사람에게 무엇이 영원한 기쁨에 대한 생각을 불러일으키겠느냐?"

"가혹하고 모욕적인 길을 신이 스스로 먼저 걸어가는 것보다 더 좋은 방법이 따로 있겠느냐?"

"네가 사형을 언도받았는데 누군가 너 대신 죽는다고 하자. 이런 행위보다 네가 그를 사랑하도록 할 수 있는 더 좋은 방법이 따로 있겠느냐?"[144]

---

[142] *ibid.*, 214.　　　[143] *ibid.*　　　[144] *ibid.*, 215.

'종'이 이제 청한다.[145]

"주님, 이제 모든 것을 알아듣게 되었습니다. 이제 청합니다. 당신의 고난을 남김없이 모두 드러내 보여 주십시오."

'지혜'가 말했다.[146]

"내가 십자가 위에 높이 달렸을 때, 내 몰골은 말이 아니었다.

내 눈은 광채를 잃었다.

내 귀는 조롱과 욕설을 들었다.

내 코는 악취를 맡았다.

내 입은 쓰디쓴 물을 맛보았다.

내 피부는 상처투성이였다.

내 머리는 고통에 겨워 앞으로 떨구어졌다.

내 팔은 목을 받쳐 주고 있었다.

내 얼굴은 침으로 범벅이 되어 있었다.

내 피부는 창백해졌다.

보라, 드디어 나는 철저히 버려진 자처럼 그렇게 죽어 갔다."

'종'이 말했다.[147]

"오, 주님! 내가 당신 그 얼굴을 눈앞에 두고 내 눈물로 적실 수 있다면 얼마나 좋겠습니까? 두고두고 통곡할 수 있다면 얼마나 좋겠습니까?"

'지혜'가 말했다.[148]

---

[145] ibid.

[146] ibid., 216.

[147] ibid.

[148] ibid., 217.

"네가 줄곧 나를 위해 통곡하고 내 고난 때문에 눈물을 비 오듯 흘리고 있느니, 차라리 모든 사물에 대한 애착을 끊고 내 삶을 따라 사는 것이 내게는 훨씬 더 좋은 일이다."

제12장 천국의 기쁨

'지혜'가 말했다.[149]

"이제 네 눈을 저 높은 곳으로 향하게 하라. 그리고 네가 어디에 속해 있는지를 보라. 너는 하늘나라에 속해 있다. 지상에서 너는 나그네다. 고향 향해 길 떠난 나그네다."

'종'이 말했다.[150]

"주님, 하늘나라는 어떻게 생겼습니까? 사람들은 거기서 무얼 합니까."

'지혜'가 말했다.[151]

"좋다. 이제 나와 같이 떠나자. 내가 너를 안내하마. 내가 너에게 하늘나라를 먼발치에서 바라볼 수 있게 해 주마."

"보라, 아홉 개의 하늘 저 너머에 또 하나의 다른 하늘이 있다. 사람들은 그것을 '불타는 하늘'이라 부른다. 여기 궁전 속에 하늘의 군대가 살고 있다. 여기서 별들이 신의 아들과 더불어 나를 찬양하고 있다. 여기서는 모든 소원이 채워지고 고통 없는 기쁨만 있다."

'지혜'가 계속해서 말했다.[152]

"이것은 하나의 '부수적 보수'에 지나지 않는다. 영혼이 칭찬할 만한 선행을 통해서 얻어 내는 기쁨이다."

---

[149] ibid., 248.   [150] ibid., 249.

[151] ibid.   [152] ibid., 251-2.

"'본질적 보수'는 '영혼과 신성의 합일'이다. 이것이 '영원한 행복'이다."

"(영혼이 육체로부터) 떠나면 떠날수록, 자유로워지면 자유로워질수록, 더 빨리 '사막'[153]에 이르고 '신성의 길은 심연'에 들어선다. '신과 동일한 존재'가 된다. 그리되면 그들은 '신의 은총'을 통해 행복해진다. 그러나 신은 그 본성상 행복하다."

4. 피난 시기(1339~1347)
『생애』 제1부

정치적 투쟁의 와중에서 교황 요한 22세는 1324년 3월 바이에른의 루드비히 왕을 파문하고, 왕을 추종하는 지역에 성무집행정지령을 내렸다.[154] 루드비히 왕은 그 후 군대를 이끌고 이탈리아로 쳐들어갔다. 그리고 로마에서 1328년 1월에 황제 대관식을 거행했다.[155]

바이에른의 루드비히 황제는 교황의 성무집행정지령에 저항하여 관할 지역에 성무집행을 명하고, 이 명령에 응하지 않는 성직자들을 추방하기로 결정했다. 이러한 상황에서 소이세가 살던 콘스탄츠 수도원의 수도자들은 1339~1346/47년까지 이 도시를 떠나 피난살이를 해야 했다.[156] 이 피난 시기 전후에 『생애』Vita가 집필되었을 것이다.

하인리히 소이세의 작품 『생애』는 흔히 첫 독일어 '자서전'이라 일컬어

---

[153] 아무도 살지 않는 텅 빈 곳. 신과 가까이 있어서 신을 만나는 장소. 고대에는 사막교부들이 즐겨 찾던 장소였다.

[154] Franz F.X. Seppelt - Georg Schweiger, *Geschichte der Päpste*, München 1964, 221.

[155] *ibid.*, 224.

[156] Walter Senner OP, *op. cit.*, 11.

진다.[157] 이것이 소이세 자신의 구체적인 삶을 담고 있긴 하지만, 엄밀한 의미에서는 자서전이라기보다 '삶의 모델'을 제시하는 작품이다.

소이세는 이 작품에서 자신을 '종교적 인간'으로 드러내고, 다른 사람들에게 하나의 정신적 지침을 제시한다. 『생애』는 비본래적 의미에서만 자서전이다.[158]

『생애』는 인간이 거쳐야 할 '삼 단계의 길', '노정'을 서술하고 있다. 이른바 '초보자의 길', '진보자의 길' 그리고 '완성자의 길'이다. 따라서 자서전은 실제 연대기가 아니라, 도식(삼 단계)이 요구하는 대로 배열되었다.[159]

4.1 슈타겔 수녀
제33장

하인리히 소이세는 콘스탄츠 수도원 강사직을 그만두고(1330년 이후) 사목에 충실했다. 그는 주로 도미니코회 수녀원들을 돌보았다. 그러던 중 인근 퇴스Töss의 도미니코회 엘스벳 슈타겔Elsbeth Stagel 수녀를 알게 되었다.

슈타겔 수녀는 '저 높은 초감각적 지식'에 대해 들어 알고 있었다. 이른바 '순수한 신성', '모든 사물의 허무성', '(신적) 무 속으로의 침잠', '모든 형상을 떠난 무형상성' 등이 그것이다.[160]

그러나 '소박한 초보적 인간'에게는 위험한 지식이었다. 초보자에게는

[157] Henry Suso, *The Exemplar*, with two German Sermons, translated, edited and introduced by Frank Tobin, Preface by Bernard McGinn, New York - Mahwah: Paulist Press 1989, 38.

[158] Heinrich Seuse, in: Kurt Ruh, *Geschichte der abendländischen Mystik*, Band 3, Die Mystik des deutschen Predigerordens und ihre Grundlegung durch die Hochscholastik, München 1996, 445.

[159] *ibid.*, 445-6.

[160] Hofmann, *op. cit.*, 106.

아직 '자기 마음대로 하는 것'과 '그리하지 않는 것'을 구별할 판별 능력이 결여되어 있기 때문이다.

그 가르침 자체는 좋다. 그러나 그것만으로는 우리가 아무것도 시작할 수가 없다.

소이세는 수녀에게 말했다.[161]

"사랑스런 딸아, 너는 '저 높은 사상'에 대해서 묻고 있다. 그런 지식을 너무 좋아하면 안 된다. 그 지식을 통해서 오류에 빠질 위험이 있기 때문이다. '올바른 완전성은 '멋진 말'에 있는 것이 아니라, '선한 일'에 있다."

"'저 높은 질문들'을 옆으로 치워 놓아라. 그리고 '지금 네 상태에 적합한 것'을 물어라. 내가 보기에, 너는 아직 젊고 경험도 부족한 것 같다. 따라서 너나 너와 같은 상태에 있는 사람들에게는 초보 단계에 속한 것을 경험하는 것이 더 중요하다."

"이런저런 '신의 친구들'이 어떻게 영성생활을 시작했고, 어떻게 그리스도와 함께 살고 그리스도와 함께 고통을 당했으며, 어떻게 신이 자애롭게 그들을 자신에게로 끌어당겼는지, 그리하여 언제 어떻게 신이 그들을 '형상적 경험'으로부터 벗어나게 했는지 등을 경험하는 것이 중요하다."

슈타겔 수녀가 말했다.[162]

"내가 바라는 것은 '영리한 말'이 아니라, '거룩한 삶'입니다. 내 결심은 이렇습니다. '완전성의 최고 단계'에 이르기 위해서라면 어떤 고통도, 심지어 죽음까지도 받아들일 용의가 되어 있습니다. 나는 이 결심을 끝까지 버리지 않을 겁니다. 가장 낮은 단계부터 시작해 주십시오. 그리고 단계적으로 이끌어 주십시오."

---

[161] *ibid.*, 106-7.

[162] *ibid.*, 107-8.

"한 가지만 사부님에게 청하겠습니다. 사부님의 '영적 양식'을, 다른 곳에서 찾지 말고, '사부님 자신이 살고 체험한 것', 그것을 토대로 제공해 주십시오. '사부님 자신이 스스로 살고 체험한 것'일수록 내게 더 바람직한 것이기 때문입니다."

이제 소이세는 자기 영적인 딸을 가르치기 시작한다. 그는 슈타겔 수녀가 죽은 후(1360), 그녀가 기록한 '소이세의 생애'에 '몇몇 유익한 가르침'을 첨부했다.[163] 이것이 소이세의 작품 『생애』다.

『생애』는 총 2부 53장으로 구성되어 있다.

제1부(제1-32장)는 소이세 자신의 고행과 고통을 서술한다.

첫째 부분(제1-18장)은 소이세가 스스로 택하여 실천했던 고행을 다룬다. 이것이 '초보자의 길'이다.

둘째 부분(제19-32장), 다른 사람이 소이세에게 안겨 준 고통을 다룬다. 이것이 '진보자의 길'이다.

토빈에 의하면, 제1부는 슈타겔 수녀가 소이세와 대화하면서 들은 것을 기록한 것이다.[164]

제2부(제33-53장) 첫째 부분(제33-45장)은 '놓아두고 있기', 다시 말해서 (모든 것을) '떠나라'(fuge), '침묵하라'(tace), '고요히 살아라'(quiesce)에 대해 서술한다. 이것이 '완성자의 길'이다.

제2부 둘째 부분(제46-53장)은 소이세의 신비사상을 담았다. 이 부분이 바로 슈타겔 수녀가 죽은 후 소이세가 첨부했다는 '몇몇 유익한 가르침'이다. 소이세가 『진리의 서』를 보완한 부분이기도 하다.

이 장에서는 제1부만 다루고 제2부는 다음 장으로 넘긴다. 단, 제1부 제

---

[163] *ibid.*, 17-8.

[164] *Tobin*, 39.

19장은 제2부로, 제2부 제33장은 제1부로 옮겨 다룰 것이다. 이렇게 '위치 변경'을 해야 소이세의 생각이 무난히 연결될 수 있기 때문이다.

4.2 소이세의 고행과 고통
제1-32장

토빈은 『생애』의 제1부를, 소이세와 나눈 영적 대화 내용을 훗날 슈타겔 수녀가 기록한 것으로 본다.

『영원한 지혜의 서』처럼 주제는 고통의 문제다. 『영원한 지혜의 서』가 '그리스도의 고난과 고통'(Christus passus et crucifixus)을 다루는 데 반해, 『생애』 제1부는 '소이세 자신의 고행과 고통'을 다룬다.

먼저, 소이세 스스로 택한 '고행'을 다루는데 이것은 영적 생활의 '초보자 단계'에 속한다. 다음으로, 소이세가 다른 사람들에게 당하는 고통을 다루는데 이것은 영적 생활의 '진보자 단계'에 속한다.

제1-18장 초보자 단계: 스스로 택한 '고행'

'종'(소이세)은 오랫동안 '천국의 위로' 속에서 살았다. 그는 그 위로에 사로잡혀 있었다.

어느 날 그는 '신'에게 엄한 꾸중을 듣는다.

"너는 내가 문이라는 사실을 모르느냐? 참된 행복에 이르려고 하는 모든 사람이 통과해야 할 문이라는 사실을 모르느냐? 네가 참으로 '내 신성'에 이르려고 한다면, 너는 '고통 받고 있는 내 인성'을 통과해야 한다."[165]

이 말을 듣고 '종'은 깜짝 놀랐다.

---

165 *ibid.*, 44.

그리고 고행을 스스로 택하여 실천하기 시작했다.[166]

우선 식탁에서 침묵했다(제14장).

다음으로 자기 몸을 다스려 나갔다. 머리털로 만든 속옷과 쇠사슬을 오랫동안 착용하고 다녔다(제15장). 가로세로 한 뼘 정도의 나무 십자가를 만들어 못을 박아 못 끝이 밖으로 튀어나오게 했다. 그러고는 못 끝이 살갗을 찌르도록 밤낮으로 매고 다녔다(제16장). 또 끄트머리에 뾰족한 쇠못을 매단 채찍을 만들어 벗은 자기 몸을 매질했다(제16장). 그는 버려진 문짝을 침대 위에 올려놓았다. 그 문짝 위에 갈대를 깔고 침구도 없이 두꺼운 외투만 뒤집어쓰고 잤다(제17장). 그는 마실 것을 소량으로 제한했다. 그러자 입 안팎이 열병 환자처럼 메말랐다(제18장).

소이세는 스스로 택한 고행을 18세부터 40세까지 실천했다.[167] 그러나 이러한 고행들은 영적 생활의 '초보자 단계'에 속한다.

제19-22장 진보자 단계: 남에게서 받는 '고통'

제20장 '발싸개를 가지고 노는 개'

어느 날 신이 소이세에게 이 외적 고행을 중단하라고 말했다. 그는 한없이 좋아서 기쁨의 눈물을 흘리며 속으로 생각했다.

'지금부터는 느긋하고 자유롭고 편안하게 살아가겠다.'

'목 마르면 물과 술을 한껏 마시겠다.'

'잘 때는 몸을 괴롭히지 않고 편히 자겠다.'

'나는 오랫동안 나 자신을 괴롭혀 왔다. 이제 쉬어야 할 때가 되었다.'

그러면서 몇 주간을 기분 좋게 보냈다.[168]

---

[166] ibid., 48-57.   [167] ibid., 62.

[168] ibid., 65.

어느 날, 그는 독방에 앉아 있었다.

그때 늠름한 한 젊은이가 그에게 다가왔다. 젊은이는 기사의 장화와 갑옷을 소이세에게 주면서 말했다.

"기사가 되어라! 지금까지 너는 시종이었다. 신은 네가 기사가 되기를 원하신다."[169]

'종'이 대답했다.

"신이 내가 기사가 되기를 원하신다면, 나는 싸워서 그 상으로 기사가 되는 편이 훨씬 더 좋겠습니다."[170]

젊은이는 웃으면서 말했다.

"걱정 마라, 네게는 충분한 싸움이 주어질 것이다. 이제 편히 쉴 수 있게 되었다고 생각하느냐? 결코 그렇지 않다. 신은 네게서 고난을 없애 주려는 것이 아니라, 고난의 종류를 바꿔 주려는 것뿐이다. 지금까지의 고난보다 훨씬 더 어려운 고난을 주려는 것뿐이다."[171]

이 말을 듣고 '종'은 깜짝 놀라 말했다.[172]

"오 신이여, 나를 어쩌자는 것입니까? 나는 고통이 끝났다고 생각하고 있는데, 이제 비로소 고통이 시작된다는 말입니까? 주님, 얼마나 많은 고통이 나를 기다리고 있는지 말해 주십시오."

젊은이가 대답했다.[173]

"하늘을 보라! 저 별들을 헤아릴 수 있느냐, 너의 고통도 그러하리라. 별들이 작게 보이지만 실은 대단히 크다. 그처럼 네 고통도 다른 사람들에게는 작게 보이겠지만, 너에게는 대단히 커서 견뎌 내기가 여간 어렵지 않을 것이다."

---

[169] ibid.   [170] ibid.   [171] ibid., 66.

[172] ibid.   [173] ibid.

'종'이 말했다.[174]

"오 주님, 내 고통을 미리 말해 주십시오. 내가 알아야겠습니다."

젊은이가 말했다.[175]

"아니다, 겁먹지 않으려면 모르는 편이 낫다. 그러나 세 가지만 말해 주겠다."

첫째 고통은 이것이다.

"지금까지 너는 네 손으로 너를 때렸다. 그리고 네가 원할 때 그만두었다. 이제 나는 너를 너 자신에게서 빼앗아 다른 사람 손에 맡기겠다. 사람들은 네 명예를 땅에 떨어뜨릴 것이다. 그것은 이전의 고행보다 훨씬 더 고통스러울 것이다. 이전의 고행은 네 명예를 드높여 주었는데 이제는 밑으로 끌어내려져 아무것도 아닌 것이 되어야 하기 때문이다."

둘째 고통은 이것이다.

"네가 아무리 죽음에 이를 정도의 고행을 행해 왔다 할지라도, 사랑을 필요로 하는 네 본성은 그대로 남아 있었다. 이제부터 너는, 네가 성실과 사랑을 구하는 바로 그곳에서 커다란 불성실과 고통을 만나게 될 것이다."

셋째 고통은 이것이다.

"너는 지금까지 신의 자비 속을 헤엄치는 물고기 같았다. 이제 나는 너를 거기서 끌어내어 네가 배고프고 목마른 채 버려두겠다. 너는 신과 세계로부터 버림받을 것이며 친구와 원수에게 공공연히 박해받을 것이다."

이 말을 듣고 소이세는 양팔을 벌린 채 책상 위에 엎드려 큰 소리로 울었다. 한참을 그러고 있는데 목소리가 들려왔다.

"용기를 내어라! 내가 너와 함께 있겠다."[176]

---

[174] ibid.

[175] ibid., 66-7.

[176] ibid., 67.

어느 날 미사 후, 소이세가 자기 독방에 앉아 있었다. 그때 마음속에서 목소리가 들려왔다.

"창문을 열어라, 그리고 보고 배워라!"[177]

그는 창문을 열고 밖을 내다보았다.

수도원 회랑에 개 한 마리가 발싸개를 가지고 놀고 있었다. 그 개는 발싸개를 높이 던졌다가 떨어뜨리며 여기저기 구멍을 내고 있었다.[178]

그는 한숨을 쉬면서 말했다.

"너는 네 동료들 사이에서 저런 노리개가 될 것이다."

그는 발싸개를 집어 들고 들어와 여러 해 동안 보배처럼 간직했다.[179]

제23장 마스트리히트Maastricht의 재판(1330)

소이세는 라인 강 하류를 따라 내려가 네덜란드 도미니코 수도회 총회에 불려 갔다. 두 고위 수도자가 그를 기다리고 있었다. 그들은 어떻게 하면 그를 좀 더 슬프게 만들 수 있을까만 생각하는 것 같았다. 떨리는 마음으로 수도회 법정에 섰다. 거기서 많은 문책을 받았다.[180]

그들에 의하면, 소이세가 '그릇된 가르침을 담은 저서들'[181]을 출간하여 그 '그릇된 가르침' 때문에 온 나라가 '이단으로 오염'되었다는 것이다.[182]

그는 신과 사람들 앞에서 결백했지만 문책과 엄벌의 위협을 받았다.

---

[177] *ibid.*   [178] *ibid.*, 68.

[179] *ibid.*   [180] *ibid.*, 77.

[181] 『진리의 서』를 말한다. Tobin은 '저서'라는 말마디가 복수형 '저서들'(Bücher)로 되어 있는 사실을 근거로 『영원한 지혜의 서』가 1330년 이전에 저술되었다고 본다(Tobin, 33). 그러나 필자는 1330년 이후라고 생각한다. 소이세는 오랜 세월이 지난 후 여기 이 이야기에 막연히 별생각 없이 '저서들'이라고 말했을 것이다.

[182] Hofmann, *op. cit.*, 77.

총회에서 돌아오는 길에 마음의 고통 때문에 죽음에 이를 만한 큰 병에 걸렸다.

제38장 행실 나쁜 여자

어느 날 한 여자가 소이세를 찾아왔다. 그 여자는 가난한 부인들을 위한 자선 모금을 하면서 오랫동안 소이세를 도왔다.

시간이 흐르면서 그는 그 여자의 행실이 나쁘다는 사실을 알게 되었다. 이미 그 여자와 한 남자 사이에 아이가 있었지만, 그 여자는 이전처럼 다른 남자들을 찾아 다녔다. 이 사실을 알고 소이세는 그 여자와 인연을 끊고 봉사를 거부했다.[183] 그러자 그 여자는 아이 아버지가 그 수도자, 바로 소이세라고 말했다.[184]

그 말을 믿은 사람들은 분노를 금치 못했다. 특히 소이세의 평판이 널리 두루 퍼져 있었기 때문에 더욱 격분했다.

그는 괴로운 나머지 신에게 탄식했다.

"보십시오, 존경스러운 도미니코 수도회는 나라는 인물 하나 때문에 그 품위를 상실하고 말았습니다. 나를 경건한 사람으로 여겨 영예롭게 해 주고 기쁘게 해 주던 착한 사람들이 이제는 나를 '위선자'로 봅니다."[185]

마음의 고통이 점점 더 심해지자 작은 위로라도 받을 요량으로 두 친구를 찾아갔지만 더 심한 모욕을 당했다.

한 친구는 괴로워하는 이 수도자를 맞아, 더는 네 친구가 아니라면서 멸시 조로 쌀쌀하게 외면했다. 그 수도자와 상종한다는 것 자체가 수치라는 것이었다.[186]

---

[183] *ibid.*, 127. [184] *ibid.*, 128.

[185] *ibid.* [186] *ibid.*, 131.

친구가 말했다.

"너는 이제 끝장이다. 네 설교뿐 아니라, 저서까지도 사람들은 멀리 집어던져 버릴 것이다."[187]

그때까지만 해도 마을 사람들이 그에게 생필품을 제공하고 있었다. 그러나 나쁜 풍문을 듣고부터는 일체의 도움과 호의를 거두어 버렸다.[188]

5. 울름 수도원 시기(1347~1366)
『생애』 제2부

1347/8년 소이세는 도미니코회 울름Ulm 수도원으로 갔다. 아마 '문책과 관련된 이동'이었을 것이다.[189]

스스로 자세히 밝혔듯이 어느 행실 나쁜 여자가 소이세를 모함했다. 그 여자는 자기가 낳은 사생아가 바로 소이세의 아들이라고 공공연히 소문을 내고 돌아다녔다(『생애』 제38장). 훗날 소이세의 결백이 드러나긴 했지만, 그것은 소이세가 이미 울름 수도원으로 옮겨간 후였다.

아마 소이세는 울름에서 『생애』 제2부를 썼을 것이다.

슈타겔 수녀가 죽은 후 소이세는 울름 수도원에서 영성생활에 유익한 몇몇 가르침을 『생애』에 첨부했다. 그것이 바로 『생애』 제46-53장이다.

5.1 소이세의 가르침

제1부에서는 고행과 고통, 즉 스스로 택하여 실천한 고행과 다른 사람이 그에게 가한 고통에 대해 서술했다.

---

[187] *ibid.*, 131.   [188] *ibid.*

[189] Kurt Ruh, *op. cit.*, 420.

제2부에서는 소이세 자신의 가르침을 제시한다.

제2부는 두 부분으로 되어 있는데, 첫째 부분(제33-45장)은 소이세가 슈타 겔 수녀에게 보낸 편지글이며, 둘째 부분(제46-53장)은 슈타겔 수녀가 죽은 후 소이세가 따로 써서 덧붙인 것이다(Tobin, 39).

우리는 여기서 놀라운 사실을 발견한다.

제1부 '소이세의 고행과 고통'과는 달리 제2부 '소이세의 가르침'은 고행 과 고통을 따로 다루지 않는다. 슈타겔 수녀의 '명시적 요청'에도 불구하고 소이세는 고행과 고통이 아니라, '사람을 떠나라', '침묵하라', '고요히 살아 라'[190]라는 사막교부 아르세니우스Arsenius(360~449)의 교훈을 주로 다룬다.

제19장에 의하면 '종'은 늠름한 젊은이 '지혜'의 안내를 받아 '최상급의 학교'를 방문한다.[191]

그 학교의 '최고 스승'은, 소이세를 앞에 세운 채 제자들에게 말한다.

"잘 들어라, 이 손님이 인내로 시련을 이기고 엄격한 절제에 투신할 원 의가 있다면, 그는 우리가 닦는 저 높은 기예技藝(Geschicklichkeit)의 훌륭한 스승이 될 것이다."[192]

'종'은 그 신비스러운 말을 알아듣지 못하여 안내하는 동료에게 물었다.

"방금 말한 '최상급의 학교'와 '기예'란 무엇인가?"

젊은이가 대답했다.

"최상급의 학교와 거기서 배우는 기예란 '자신을 전적으로, 완전히 버리 는 것'(ein gänzliches, völliges Lassen) 외에 다른 것이 없다. '아무것도 아닌 것'

---

[190] Rüdiger Blumrich, Die gemeinú ler des 'Büchlein der ewigen Weisheit', in: *Heinrich Seuses Philosophia spiritualis,* Quellen, Konzept, Formen und Rezeption, Tagung Eichstätt 2.-4. Oktober 1991, hrsg. von Rüdiger Blumrich - Philipp Kaiser, Wiesbaden: Dr. Ludwig Reichert Verlag 1994, 67 재인용.

[191] Hofmann, *op. cit.*, 62.   [192] *ibid.*, 63.

⑤ 하인리히 소이세의 생애와 저서 **159**

이 되는 것 외에 다른 것이 없다. 이것은 그리스도가 자신을 전적으로 포기한 채 아버지를 찬미하고 영광을 드렸던 것과 같다."[193]

만일 '최상급의 학교'가 '자신을 전적으로 완전히 버리는 것'이라면, 그리하여 인간이 '아무것도 아닌 것'이 되는 것이라면, 그것은 소이세가 말하는 '완성의 길' 외에 다른 것이 아니다. 왜냐하면 소이세는 '완성의 길'이 모든 것(모든 사물, 모든 사람, 자기 자신)을 '떠나서', '침묵하면서', '고요히 사는 것'이라고 말하기 때문이다.

이를 근거로 우리는 『생애』 제2부가 울름 시기에 와서야 집필되었을 것으로 추정한다. 이 시기는 바로 소이세 자신이 '사람을 떠나', '침묵하면서', '고요히 살아가는' 시기였기 때문이다. 이 무렵 소이세는 고행과 고통을 넘어 스스로 '놓아두고 있기'에 힘쓰면서 살고 있었다.

그리스도의 고난과 고통을 다룬 『영원한 지혜의 서』와 『생애』 제1부가, 소이세 자신의 고행과 다른 사람이 가하는 고통을 맛보면서 집필되었을 것이라는 견해는 이미 밝혔다.

같은 이유로, 슈타겔 수녀에게 '사람을 떠나라', '침묵하라', '고요히 살아라'라고 가르친 『생애』 제2부는 소이세 자신이 '사람을 떠나', '침묵하면서', '고요히 살아가면서' 가르친 것이라고 보는 것이 타당할 것이다.

제34-45장 완성자 단계

제35장 '놓아두고 있기'

소이세는 젊은 시절부터 사막교부들의 금언을 좋아하여 슈타겔 수녀에게도 '완성자를 위한 모범'으로 이들을 추천한다.

---

[193] *ibid.*

소이세는 누구보다 사막교부 아르세니우스를 앞세워, 『지혜의 시계』에서는 그를 '최고의 철학자'(Summus Philosophus)라 부른다.[194]

아르세니우스는 360년경 로마 원로원 집안에서 태어났다. 훌륭한 교육을 받은 그는 테오도시우스 황제의 왕자들 알카디우스와 호노리우스를 가르쳤다. 392년, 알렉산드리아를 거쳐 사막 지방 스케티스에서 수련하고, 스케티스 페트라 인근에서 은수자 생활을 했다. 그는 엄격하고 침묵을 지키는 것으로 유명했다.

434년에는 트로이 산으로 이주하여 거기서 95세의 나이로 죽었다.[195]

구원되기 위해서 무엇을 해야 하는지 아르세니우스가 천사에게 물었다. 천사가 대답한다.

"사람을 떠나라, 침묵하라, 고요히 살아라."[196]

아르세니우스는 사람을 떠나, 침묵 속에서, 고요히 살았다.[197]

사람을 '떠나', '침묵 속에서', '고요히 살아간다'는 것은 그 근본에 있어서 스승 마이스터 엑카르트의 '버리고 떠나 있기'와 다르지 않다.

물론 세부적으로는 엑카르트가 사상의 단초端初를 제공했다면 소이세는 그것을 더 넓게 전개시킨 셈이다.[198]

소이세의 영적 딸인 슈타겔 수녀는 사막교부들의 모범과 가르침을 열심히 따라 살았다. 그러나 수녀가 너무 심한 고행을 행하자 소이세는 고행을 그만두라고 충고했다.[199]

---

[194] Rüdiger Blumrich, *op. cit.*, 67.

[195] Benedicta Ward, *The Sayings of the Desert Fathers*. 『사막교부들의 금언』 이후정 · 엄성옥 공역, 도서출판 은성 1995, 45 이하. 『금언』으로 인용.

[196] Rüdiger Blumrich, *op. cit.*, 67; 『금언』 45; Hofmann, *op. cit.*, 113.

[197] 『금언』 45-62; Hofmann, *op. cit.*, 113.

[198] Rüdiger Blumrich, *op. cit.*, 68.   [199] Hofmann, *op. cit.*, 115.

5.2 소이세의 신비사상
제46-53장

슈타겔 수녀가 죽은 후 소이세는 '몇몇 유익한 가르침'을 『생애』에 포함시켰다. 여기서도 슈타겔 수녀가 묻고 그가 대답하는 형태는 유지된다.

소이세는 여기서 다시 이론적 신비사상으로 되돌아간다.

오랜 훈련을 쌓은 어느 날, 슈타겔 수녀는 소이세에게 '고차원의 질문'을 던진다.[200]

"신은 '무엇'인가?"

"신은 '어디' 있는가?"

"신은 '어떻게' 있는가?"

제50장 '무엇'이 신인가?

소이세는 첫째 질문 "신은 무엇인가?"에 대해서 이렇게 답한다.

"'무엇'이 신인가?라는 질문에 대해서는 지금까지 어떤 '앎의 스승'도 답할 수 없었다는 사실을 너는 먼저 알아야 한다. 신은 모든 감각과 이성을 뛰어넘어 있기 때문이다. 그럼에도 불구하고 열심히 찾는 사람은 '신에 대한 지식'을 조금은 얻어 낼 수 있다. 물론 아주 먼발치에서이긴 하지만 말이다. 옛날에 이교도 '앎의 스승' 아리스토텔레스도 그렇게 신을 찾았다. 그는 질서 정연한 '자연의 운행'을 관찰하면서, 자연을 지배하는 주인이 존재해야 한다고 생각했다. 그리고 그 주인을 신이라고 했다. 인간의 눈이 '신의 존재'를 볼 수는 없다. 그러나 작품을 보고 장인匠人의 존재를 알듯이, '신의 존재'는 그의 작품(피조물)을 통해서 알아볼 수 있다."[201]

---

[200] *ibid.*, 177.

[201] *ibid.*, 178.

제51장 신은 '어디' 있는가?

슈타겔 수녀는, "그러면 신은 '어디' 있는가?"라고 묻는다.

소이세가 대답한다.

"'앎의 스승'들은 말한다. 신은 '어디'가 따로 없다. 모든 것 속에 그리고 각각의 것 속에 있다."[202]

"어떤 '앎의 스승'은 '존재'라는 말마디가 '신의 첫째 이름'이라고 한다. 바로 이 '존재 그 자체'에 네 눈을 향하게 하라. 그리고 '이런 존재' 또는 '저런 존재'로부터는 눈을 돌려라. '비존재가 조금도 섞여 있지 않은 '존재 그 자체'만 택하라. '비존재'가 '모든 존재'를 부정하듯이, '존재'는 '모든 비존재'를 부정하기 때문이다."

"우리는 '혼합된 존재'('존재'와 '비존재')나 '혼합된 비존재'('비존재'와 '존재')를 오직 '보편적 존재'(순수한 '존재 자체')라는 관점에서만 인식할 수 있다. 신의 존재는 '보편적 존재'여야 한다. 이러한 신의 존재가 자신의 현존 속에서 '분리된 존재'를 지탱시켜 주는 '보편적 존재'여야 한다."[203]

인간의 이성은 이러한 '보편적 존재'를 상세히 탐구할 수 없다.

그럼에도 불구하고 이러한 존재가 없다면 인식이나 판단은 불가능하다. 우리 눈이 다양한 색깔에 향해 있을 때는 햇빛을 따로 보지 못한다. 인식의 눈도 그와 같아서, 이런저런 개별 존재에 향해 있을 때는 순수한 '존재 자체'를 따로 보지 못한다.

박쥐의 눈이 밝은 빛을 보지 못하듯, 인식의 눈도 이런저런 개별 존재에 현혹된 나머지 광명 자체인 '신의 암흑'을 보지 못한다.[204]

---

[202] *ibid.*, 182.

[203] *ibid.*, 183.

[204] *ibid.*

'신'은 원圓이다. 그 중심은 어디에나 있고 그 원주圓周는 어디에도 없다. 이처럼 신은 언제 어디서나 내재하고 동시에 초월해 있다.[205]

신은 '어떻게' 있는가?

영적 딸이 계속 묻는다.

"어떻게 신은 '순수 존재'이면서 동시에 '세 양식으로' 존재하는가?"

소이세가 대답한다.

"신은 그 자체로 '넘쳐흐르는 선'이다. 그는 자신의 선을 자기 속에 간직해 두기만 하는 것이 아니라, 자기 안에서 자기 밖으로 나누어 준다. 그리하여 '최고선'은 필연적으로 자기 확산을 하기 마련이다. 이러한 '자기 밖으로 흘러넘침'은 다시 '자기 안으로 흘러듦'을 야기시킨다."[206]

제52장 궁극 목표

영적 딸이 마지막으로 묻는다.

"'앎의 스승들'의 책을 통한 가르침과 수행을 쌓은 인간이 최고의 목표인 '신적 심연'을 이해하는 그 인식은 어디서 어떻게 끝나는가?"

소이세가 답한다.[207]

"내가 있는 곳, 그곳에 내 종도 있게 될 것이다. 신의 영원한 아들, 그리스도는 이렇게 말했다. 그러면 신적 아들의 장소는 어디인가? 그것은 '신적 하나' 속이다. '모든 것을 뛰어넘는 빛' 속이다.

'그 이름 없는 이름'을 가지고 말하면, 그것은 '무' 속이다.

---

[205] ibid., 184.

[206] ibid., 184-5.

[207] ibid., 190-1.

'그러한 무 속에 들어가 머물러 있는 상태'를 두고 말하면, 그것은 '고요함' 속이다.

그러한 무로부터 다시 자신에게 되돌아와 '자신을 다시 의식하는 정신'의 상태에서 말하면, 그것은 '삼위일체적 본성' 속이다.

'창조되지 아니한 원인성'의 관점에서 보면, 그것은 모든 사물에게 그 존재를 부여해 주는 '존재' 속이다.

그리하여 '형상 없는 어둠' 속에서는 모든 다양성이 사라져 버린다.

'정신'은 자기 고유한 존재를 잃고 만다. 정신은 자신의 행위에 있어서는 무가 되어 버린다.

이것이 최고의 목표이며 모든 정신의 정신성이 사라져 버리는 '한계 없는 장소'다. 이것이 '영원한 지복'이다."

소이세는 계속해서 말한다.[208]

"'신적 위격'의 원천은 '영원한 신성'이다. '위격의 삼성三性'은 '본성의 단일성'에 있고, '위격 작용의 삼성'은 그 '단일성' 속에 있기 때문이다. 그리하여 '위격의 삼성'은 그 자체로 '본성의 단일성' 속에 포함되어 있다. 따라서 각각의 위격은 '신'이다. 그것은 그 단순성에 있어서는 '신성'이다.

'아버지'는 '아들의 원천'이다. '아들'은 그 위격에 있어서는 영원으로부터 아버지에게서 흘러나왔고, 그 존재에 있어서는 아버지 속에 줄곧 머물러 있다. 그리하여 '아버지'와 '아들'은 그들의 '영靈'을 유출한다. '원천의 존재'인 '단일성'은 '세 위격 모두의 존재'와 동일하다.

그러나 어떻게 '셋'이 '하나'인지는 말로 표현할 수 없다. 어떻게 '셋'이 하나 안에서 '하나'이며, 그러면서도 '셋'이 하나 밖에서 '셋'인지는 말로 표

---

208 *ibid.*, 191.

현할 수 없다. 그것은 신적 심연의 깊이 때문에 그러하다."

소이세는 계속한다.[209]

"모든 피조물은 신적 영역 속에 머물러 있으면서 흘러나온다. 따라서 그들은 신에 의해서 살아 있고, 신을 알고, 신의 존재에 의해서 존재한다.

이 '순수한 단일성'은 '어두운 정적'이다. 아무도 그것을 이해할 수 없다. 단일성이 자신의 존재를 그 속에 비추어 준 사람만 그것을 이해할 수 있다. 이러한 고요 속에서 인간 영혼은 옛 모습을 벗어 버리고, 새로운 모습을 띠게 된다. 그것은 바오로 사도가 '이제는 내가 사는 것이 아니라 그리스도께서 내 안에 사시는 것'이라고 말하는 그 상태다. 그리하여 인간의 영혼은 형상 없는 신적 존재 속에서 자신을 벗어나게 된다."

말은 계속된다.[210]

"그러나 '아버지의 위격'만으로는 지복이 이루어지지 않는다. '아들의 위격'만으로, '성령의 위격'만으로도 지복이 이루어지지 않는다.

오직 세 위격이 '존재의 단일성' 속에 머무는 그곳에 지복이 주어진다. 이러한 지복은 '세 위격의 존재'에게는 그 '본성'에 따른 것이며, '모든 피조물'에게는 '은총'에 따른 것이다.

바로 이곳이 모든 존재를 넘어서 있는 그 장소다. 여기가 수행을 쌓은 종이 영원한 아들과 더불어 거처할 장소다."

소이세는 말한다.[211]

"존재의 측면에서 보면 그것은 '무'다. 인간의 영혼은 바로 이 '단일성이라는 무'에 이르는 것이다. '빛을 넘어선 어둠' 속에서 인간의 영혼은 자신

---

[209] *ibid.*, 192.

[210] *ibid.*, 192-3.

[211] *ibid.*, 193.

을 신과 분리시키는 모든 장애물과 자신의 고유성을 잃어버리고 만다(Bern-ardus, *De diligendo Deo*, PL 182, col.199). 그러나 인간의 영혼이 이 속에서 전적으로 사라져 버리는 것은 아니다. 그는 창조된 대로 자기를 가지고 있다. 다만 신적 존재 속에서 자신의 고유성과 자신의 존재를 따로 의식하지 못할 뿐이다.

영적 딸은 감탄하면서 묻는다.

"그러면 우리는 어떻게 거기에 이를 수 있습니까?"[212]

소이세가 대답한다.[213]

"그에 대해서는 아레오파고의 디오니시우스가 대답했다. 디오니시우스는 제자에게 이렇게 말했다."

"네가 숨어 있는 신비에 이르고자 한다면, 대담하게 위를 향해 높이 올라가라. 네 모든 외적·내적 감각, 네 이성의 고유한 업적, 보이는 것과 보이지 않는 것 모두, 존재와 비존재 모두를 떠나, 단순한 단일성을 향해 높이 올라가라. 그리하여 너는 침묵 속에 들어서야 한다. 모든 존재를 넘어선, 모든 지식을 넘어선 침묵 속에 들어서야 한다. '빛을 넘어선 신적 암흑' 속에 들어서야 한다."

제53장 간결한 결론

영적 딸이 청했다.[214]

"사부님, 사부님은 '감추어져 있는 신성'과 '정신의 유출과 귀환'에 대해 상세히 말씀해 주셨습니다. 이제 그 고차원의 사상과 그 감추어져 있는 의미를 구체적인 비유를 통해서 간결하고 쉬운 말로 요약해 주십시오."

---

[212] *ibid.*, 195.   [213] *ibid.*

[214] *ibid.*, 196.

소이세가 대답한다.[215]

"이제 비유를 통해 지금까지의 긴 이야기를 구체적으로 짧게 제시해 보겠다. 잘 들어 보아라."

"어느 현명한 앎의 스승이, 신은 그 신성에 의하면 중심은 어디에나 있고 원주는 어디에도 없는 커다란 원이라 했다."

"다음과 같은 구체적 상황을 생각해 보아라. 어떤 사람이 무거운 돌을 고요한 물속에 던지면, 그 돌 때문에 수면에 하나의 원주가 생긴다. 이 원주에 의해서 또 하나의 원주가 생기고, 이 새로 생겨난 원주에 의해서 다시 하나의 원주가 생긴다. 돌을 던지는 힘이 강하면 원주는 멀리 퍼져 나갈 것이다. 그 힘이 아주 강하면 원주는 수면 전체에 퍼져 나갈 것이다."

"이 비유에서, 최초의 원주는 '아버지'라는 '신의 본성'이 가진 능력이다. 그것은 같은 능력을 가진 제2의 원주를 낳는다. 그것이 '아들'이다. 그리고 이 양자가 제3의 원주를 낳는다. 이것이 '성령'이다. 이들이 '아버지', '아들', '성령'이라는 세 개의 원주다.

이러한 깊은 심연 속에서 '아버지'라는 신의 본성이 '아들'인 '말씀'을 발하고 낳는다. 그러나 이 '아들'인 '말씀'은 아버지 속에 계속 머물러 있다. 이러한 모든 존재를 넘어서는 '신적 출생'이 '모든 피조된 존재와 정신의 원인'이다."

소이세는 계속한다.[216]

"인간 정신의 '귀환'에도 주의를 기울여 보아라.

첫째, 인간의 영혼은 모든 피조물로부터 떠난다.

둘째, 신으로부터나 피조물로부터 오는 모든 고통을 참아 받는다.

---

[215] ibid., 196-7.

[216] ibid., 197-8.

셋째, 그리스도의 고난을 본받아 모든 사물과 자신으로부터 떠나 '놓아 두고 있기'의 상태에서 '고요히' 살아간다."

"그렇게 되면 그는 종국에 가서 '영원한 신성'을 상징하는 원주 속으로 깊이 뚫고 들어가게 된다. 그리하여 '영적 완성'에 이른다. 그리고 더할 수 없는 '지복'을 누린다."

참고문헌

□ 번역본

Heinrich Seuse Denifle, *Die deutschen Schriften des Seligen Heinrich Seuse aus dem Predigerorden*, München 1860.

Anton Gabele, *Deutsche Schriften von Heinrich Seuse* (Der Dom), Leipzig 1924.

Nikolaus Heller, *Des Mystikers Heinrich Seuse O. Pr. Deutsche Schriften*, Regensburg 1926.

Georg Hofmann, *Heinrich Seuse. Deutsche mystische Schriften*, Düsseldorf 1966, ²1986.

Wilhelm Lehmann, *Heinrich Seuses Deutsche Schriften*, 2 Bde., Jena ²1922.

Henry Suso, The Exemplar, with two German Sermons, translated, edited, and introduced by Frank Tobin, Preface by Bernard McGinn, New York - Mahwah: Paulist Press 1989.

□ 대역비판본

Heinrich Seuse, Das Buch der Wahrheit. Das Buechli der Wahrheit. Kritisch hg. von Loris Sturlese und Rüdiger Blumrich, Mittelhochdeutsch-Deutsch (Philos. Bibliothek 458) Hamburg 1993.

□ 연구서

Markus ENDERS, *Das mystische Wissen bei Heinrich Seuse* (Veröffentlichungen des Grabmann-Instituts N.F. 37) Paderborn 1993.

C. GRÖBER, *Der Mystiker Heinrich Seuse*, Freiburg/Br. 1941.

A.M. HAAS, *Nim din selbes war. Studien zur Lehre von der Selbsterkenntnis bei Meister Eckhart, Johannes Tauler und Heinrich Seuse*, Freiburg/Schw. 1971.

U. JOERESSEN, *Die Terminologie der Innerlichkeit in den deutschen Werken Heinrich Seuses* (Europäische Hochschulschriften I-704) Frankfurt/M. 1983.

Kurt RUH, Heinrich Seuse, in: Kurt RUH, *Geschichte der abendländischen Mystik*, Bd. 3, München 1996, 415-475.

□ 학술지

Heinrich Seuse. Studien zum 600. Todestag 1366~1966, hrsg. von P. Ephrem M. FILTHAUT OP, Köln 1966.

Rüdiger BLUMRICH - Philipp KAISER (hrsg.), *Heinrich Seuses Philosophia spiritualis*. Quellen, Konzept, Formen und Rezeption (Tagung Eichstätt 2.-4. Okt. 1991) (Wissensliteratur im Mittelalter 17) Wiesbaden 1994.

□ 사전

Alois M. HAAS - Kurt RUH, Seuse, Heinrich OP, in: *Die deutsche Literatur des Mittelalters Verfasserlexikon*, Bd. 8, hrsg. von Kurt RUH, Berlin - New York ²1992, 1109-1129.

결론을 대신하여

지금까지 마이스터 엑카르트, 요한네스 타울러, 하인리히 소이세를 중심으로 중세 독일 신비사상을 개관했다. 이들은 독일 신비사상의 세 별이며, 그 시대 13~14세기는 그리스도교 신비사상의 황금기였다.

이들은 고대 후기의 동방 교부 위디오니시우스 아레오파기타와 중세 전성기의 알베르투스 마뉴스를 매개로, 신플라톤 철학 전통을 계승했다.

1. 중세 독일 신비사상의 배경
신플라톤 철학 · 위디오니시우스 · 알베르투스 마뉴스

신플라톤 철학, 특히 플로티누스와 프로클로스는 아리스토텔레스의 열 개 범주 대신 나름의 다섯 범주를 설정했다.

그들에 의하면, 만물은 원래 '하나' 속에 머물러 있었고 '하나'와 다르지 않았다.

그 후 만물이 '하나'로부터 나오자 그것은 '하나'와 다른 것이 되었다. 그러나 만물은 결국 '하나'로 되돌아가 다시 '하나'와 같아진다.

중세 독일 신비사상은 신플라톤 철학의 범주를 받아들여 그리스도교적으로 재해석한 것이다. 요지는 이러하다:

처음에 피조물이 신 속에 머물러 있을 때는 '신'과 같았다. '내'가 생겨나기 전에는 신 속에 머물러 있어서 '내'가 '신'과 다르지 않았다. 같았다.

그 후 신은 피조물을 창조했고, 창조와 더불어 피조물은 피조물이 되었고 신은 신이 되었다. 피조물은 신과 같지 않았고 달랐다. 창조와 더불어 나는 '내'가 되었고 신은 '신'이 되었다. '나'는 '신'과 같지 않았고 달랐다. 그러나 피조물은 결국 신에게 되돌아간다. 다시 신과 같아진다. 처음 그러했던 그대로 된다.

위디오니시우스 아레오파기타는 이러한 사유의 연장선상에 있다. 우리는 그를 '서양 그리스도교 신비사상의 원조'로 본다.

위디오니시우스의 『신명론』은 신론神論이며 그 정점이 『신비신학』이다.

그의 긍정신학과 부정신학은 신 인식에 이르는 두 길이다.

'정신이 내려오는 길'이 긍정신학의 길이요, '정신이 올라가는 길'이 부정신학의 길이다.

『신명론』에서 위디오니시우스는 성경과 신플라톤 철학의 개념들에 의존하여, 다양한 명칭과 상징을 신에게 적용한다: '선', '존재', '생명', '지혜', '동일한 것', '상이한 것', '운동', '정지', '시간과 영원을 넘어서 있는 것', '거룩한 것 중의 거룩한 것', '왕 중의 왕', '신 중의 신', 그리고 '일자'一者.

여기서 플로티누스적 범주의 흔적이 보이며 '하나'가 드러난다.

위디오니시우스에 의하면 '선'이 신의 본질이다. 신의 선성은 형태가 없으면서도 모든 것에게 형태를 부여해 준다. 선성은 '아니 있는 것'이자 '넘

어서 있는 것'이면서 '모든 있는 것을 있게 한다'는 이 규정이, 위디오니시
우스가 내리는 신의 정의定義다.

신의 '이름'은 신의 속성이 아니라 본질이다.

위디오니시우스에 의하면, 신은 '하나'이자 모든 것의 원인이고 목표다.

다양한 신명으로부터 종국에는 '하나'에 이르고 있다. 이 점 프로클로스
의 영향임이 틀림없다.

위디오니시우스는 『신명론』에서 신을 대체로 긍정적으로 서술하지만,
신에 대해서는 말할 수도 인식할 수도 없다고 한다. 신은 '존재를 넘어서',
'존재의 건너편'에 있다. 『신비신학』 제5장에는 '아니'라는 말마디가 꼬리
를 문다. 신은 '~도 아니고 ~도 아니다'.

가히 부정신학의 정점이라 하겠다.

위디오니시우스의 신비신학은 긍정신학과 부정신학을 아우른다. '긍정
신학의 부정'이자 '부정신학의 부정'이다.

기도로 시작되는 『신비신학』의 서두에는 우리가 '신비적'이라고 말하는
것의 핵심이 숨어 있다.

거기에는 순수·절대·불변의 신비가 '빛을 넘어선 어둠' 속에, '침묵'
속에 잠긴 채 감추어져 있다. 이 '빛을 넘어선 어둠'이야말로 위디오니시
우스 신비신학의 핵심이다.

'신적 암흑', 그 속에서 '신과 하나가 된다'는 사상은 신플라톤 철학과의
관계, 탈출기와 니사의 그레고리우스의 『모세의 생애』, 나아가 바오로 사
도의 신비체험과 그의 가르침과의 관계 속에서 끊임없이 논의된다.

13세기 쾰른의 수도회 대학은 '중세 독일철학'이라는 고유노선을 개척
한다. 이 노선에 초석을 놓은 사람이 알베르투스 마뉴스다. 위디오니시우
스가 서양 신비사상의 원조라면 그는 단연 중세 독일 신비사상의 원조다.

과거, 알베르투스는 '그리스도교적 아리스토텔레스주의'라는 고정관념에서 벗어나지 못했다. 그러나 지난 수십 년간의 연구는 알베르투스가 신플라톤주의로 정향된 사유의 새로운 출발점이 된다는 사실을 여실히 보여 주었다.

알베르투스의 노선은 독일 도미니코회 신학자들에게로 이어졌고 그들의 사상이 독일어에 파고들면서 중세 독일철학과 더불어 소위 사변적 독일 신비사상을 태동시키게 되는 것이다.

알베르투스는 1264~1267년에 『원인론』을 아리스토텔레스의 『형이상학』 제12권과 연계하여 주해했다.

신플라톤 학파에 속하는 문헌인 『원인론』은 중세 전성기 이후까지 큰 영향을 끼쳤다. 이 문헌은 중세 사상가들이 아리스토텔레스의 형이상학을 극복하는 데 기여했다.

알베르투스를 신플라톤주의로 향하게 하는 결정적인 계기는 『디오니시우스 전집』 주석이었다.

위디오니시우스의 『신비신학』에 대한 강의에서, 알베르투스는 위디오니시우스를 따라 시나이 산에서 모세가 체험한 신 직관을 신비적 고양의 표본으로 삼는다.

위디오니시우스가 그랬듯이 알베르투스도 숨어 있는 신에 대해 말한다. 그에게 '숨어 있는'이라는 말마디는 '신비적'이라는 말마디와 같으니, 알베르투스의 주제는 신비적 신 인식과 부정신학을 연결하는 것이었다.

결국 알베르투스는 한편으로는 신플라톤 철학을, 다른 한편으로는 위디오니시우스의 신비신학을 중세 독일철학에 전해 준 셈이다. 이로써 그는 중세 독일 신비사상의 주춧돌이 되었다.

2. 중세 독일 신비사상의 핵심
마이스터 엑카르트 · 요한네스 타울러 · 하인리히 소이세

엑카르트의 의도는 신앙과 성경의 가르침을 철학 이론으로 해명하는 데 있었다. 이를 위해 그는 신플라톤 철학의 범주와 위디오니시우스를 끌어들인다.

위디오니시우스가 『신명론』에서 성경과 신플라톤 철학의 기본 개념을 받아들여 긍정신학을 전개했듯이, 엑카르트는 『삼부작』에서 스콜라 철학의 초월 개념을 받아들여 형이상학을 전개한다.

위디오니시우스가 『신비신학』에서 성경과 신플라톤 철학의 기본 개념을 떠나고 넘어섰듯이, 엑카르트는 독일어 설교에서 스콜라 철학의 초월 개념을 떠나고 넘어선다. 이 구조는 훗날 요한네스 타울러와 하인리히 소이세에게도 통용된다.

중세 독일 신비사상의 출발과 목표는 '신과 인간이 하나 되는 것'이다. 이 사상의 중심에 엑카르트, 타울러, 소이세가 있다.

엑카르트에 의하면, 창조되기 이전에 나는 '신 속에' 머물러 있었다. 그때 나는 신과 같았다. 나는 나 자신과 만물의 원인이었다. 내가 원했더라면 나도 만물도 없었을 것이다. '내'가 없었다면 신도 없었을 것이다. 신은 '신'이 아니었을 것이다. 신이 '신'으로 된 것은 '내'가 그 원인이다.

내가 창조된 후, 나는 '내'가 되었고 신은 '신'이 되었다. 나는 '신'과 다르게 되었다.

그러나 내가 나 자신과 만물을 '버리고 떠나면', '놓아두면', 나는 다시 '내가 존재하지 않았던 때처럼' 그렇게 된다. 나는 다시 신과 같아진다. 이러한 '돌파' 속에서 '나는 신과 하나가 된다'.

돌파 속에서 나는 '아내인 처녀'가 되어 많은 열매를 맺는다. 그 열매는 다름 아닌 신 자신이다. 그리하여 내 (영혼) 속에 신의 탄생이 이루어진다.

이 생각을 이해하려면 신 이해와 인간 이해가 선행되어야겠다. 신 이해와 인간 이해를 따라잡는 것이 중세 독일 신비사상을 이해하는 열쇠다.

중세 독일 신비사상은 (위디오니시우스를 따라) 신 문제에서는 '신'과 '신성'을 구별하고, 인간 문제에서는 '내적 인간'과 '외적 인간'을 구별한다. 먼저 신론을 보자:

엑카르트의 신은, 위디오니시우스가 긍정신학에서 다양한 이름으로 부르는 그 신이다. 엑카르트도 『삼부작』에서 신을 '일성'一性, '진성'眞性, '선성'善性이라 말한다.

엑카르트의 신성은, 위디오니시우스가 부정신학과 신비신학에서 말하는 그 신이다. '빛을 넘어선 어둠'과 '침묵' 속에 감추어진 그 신이다. 엑카르트도 독일어 설교에서, '이것도 저것도 아닌 무'로서의 신성을 말한다. 신성이란 '그 자체로 있는 신'이다. '성자와 성령으로 발출하기 전의 신'이다. 신성은 작용하지 않는다. 인간은 신성에 대해 아무 말도 할 수가 없다.

반면, 엑카르트의 신은, '신성이 자기를 벗어난 것'이다. 모든 피조물이 신이라고 말하기 시작하는 바로 그 순간 신이 생겨난다. 신은 작용하기 시작하면서 비로소 신이 된다. 엑카르트의 신은 '관계로서의 신'이다.

그러나 엑카르트의 독일어 설교에서 신성과 신 개념이 늘 엄격히 구별되지는 않는다. 엑카르트가 "신은 좋지 않다"(독일어 설교 83; DW III, 441,4)라고 말할 때, 그것은 '신성'을 뜻한다. 신성은 이것도 저것도 아니며 신성에 대해서는 아무 말도 할 수가 없기 때문이다.

요한네스 타울러가 '신의 근저', '신의 심연'을 말할 때, 그 또한 '신'이 아니라 '신성'이다. '무'를 말할 때도 마찬가지다.

하인리히 소이세가 영혼이 '원주 속으로 뚫고 들어간다'고 말할 때, 그것은 삼위일체 '신'이 아니라 '신성'을 말한다.

인간론은 이러하다:

엑카르트에게 '내적 인간'이란, 그를 통해서 인간이 신과 같아지는 그런 인간이다. 자신과 모든 피조물의 원인이며 심지어 신이 신으로 되는 원인인 인간이다. '영혼 속에 신의 탄생'을 이루어 내는 인간이다.

엑카르트에게 '외적 인간'이란, 피조물에 매달려 있는 인간이다. 자신을 마지막까지 붙들고 놓지 않는 인간이다. 외적 인간은 머리를 아래로, 다리를 위로 향하고 있어서 하늘을 밑에 두고 있는 인간이다(LW I, 198-199).

타울러가 '영혼의 심연', '영혼의 근저', '그 속에서 신의 탄생'을 말할 때도 내적 인간을 두고 말한다.

자신과 모든 것을 떠나, 그리스도와 하나가 되어, 그리스도와 더불어 신화神化되는 인간, 신성의 한복판인 원주 속으로 뚫고 들어가는 소이세의 인간도 내적 인간이다.

전통 스콜라 철학은 유비 개념을 적용하여 신을 서술했다. 그리하여 신은 '존재'요, '진리'며, '선' 등등이었다.

그러나 '신'(관계에 있어서의 신)과 '신성'(그 자체에 있어서의 신)을 구별하는 중세 독일 신비사상은 유비 개념만으로는 신과 인간의 관계를 제대로 서술해 낼 수 없다고 보았다. 신과 피조물 사이의 심연이 너무 깊기 때문이다. 그리하여 일의성 개념을 신비사상에 도입한다.

엑카르트의 경우, 신성을 말할 때는 일의성을 적용한다(LW VII, 1-9).

신은 이것도 아니고 저것도 아니다.

신은 아무것도 아니다. '무'다. 한 때 신(성)과 '하나'였고 다시 신(성)과 '하나'가 된 인간은 신(성)과 '같다'.

그러나 신과 인간을 말할 때는 유비성을 적용한다(*LW* III, 405,1).

신은 '존재'다. 신은 '진리'다. 신은 '선'이다. 반면, 피조물은 '이러저러한 존재'다. '이러저러한 진리'다. '이러저러한 선'이다.

결국 신과 인간 사이에는 유비성과 일의성이 서로 '맞물려' 있다.

요약하자: 인간은 어떻게 신과 하나 될 수 있는가?

마이스터 엑카르트는 이렇게 본다:

인간이 모든 것과 자신마저도 '버리고 떠나면' 된다. 아무것도 원하지 않고, 아무것도 알려 하지 않고, 아무것도 가지지 않으면, 인간은 신성 속으로 돌파해 들어가 그 속에서 신성과 하나 되어, 신성과 더불어 영혼 속에 신의 탄생을 이룬다. 이것이 인간이 신(성)과 하나 되는 것이다.

요한네스 타울러는 이렇게 본다:

인간이 자신의 무를 알아차리면 신적 심연 속으로 빠져 들어가 자기를 전적으로 '잃는다'. 그러면 '하나의 심연'(인간)이 '다른 하나의 심연'(신)을 자기 속에 불러들인다. '하나의 심연'이 '다른 하나의 심연' 속으로 흘러들어, '하나의 무'(인간)가 '다른 하나의 무'(신)가 된다. 그리하여 인간은 '영혼의 심연', '영혼의 근저' 속으로 '신의 탄생'을 이룬다. 이것이 인간이 신(성)과 하나 되는 것이다.

하인리히 소이세는 이렇게 본다:

인간은 모든 것과 자신마저도 '놓아두고 있어야' 한다.

인간은 모든 것과 자신을 떠나, 그리스도와 하나가 되어, 그리스도와 더불어 신화神化되어야 한다. 그리되면 인간은 신성을 상징하는 원주 속으로 뚫고 든다. 이것이 인간이 신(성)과 하나 되는 것이다.

이렇듯 신과 하나 되는 길을 가르치고, 그에 이르는 길을 저마다 제시하는 중세 독일 신비사상은 실로 경이롭고 매혹적이다.

지금까지 필자의 작업은 세 핵심 사상가들 상호 간의 본격 비교에는 이르지 못한 채, 중세 독일 신비사상을 일반적으로 소개하는 데 그쳤다.

마이스터 엑카르트의 말이 새삼 떠오른다. "어떤 것은 일견 해괴망측하고 의심스러우며 오류로 보일 것이다. 그러나 좀 더 자세히, 좀 더 힘들여 살펴보면 그렇지 않다."

우리는 아직 중세 독일 신비사상을 '좀 더 자세히', '좀 더 힘들여' 살펴보는 단계에는 이르지 못했다. 향후 과제로 남긴다.

후기

필자의 논문 「마이스터 엑카르트의 생애와 저서」(『중세철학』 창간호, 한국 중세철학 연구소 편, 분도출판사 1995, 5-64)를 대폭 수정하고, 논문 「하인리히 소이세의 생애와 저서」(『중세철학』 제4호, 한국 중세철학 연구소 편, 분도출판사 1998, 3-34) 전반부를 소폭 수정하여 여기 싣는다. 그 외 부분은 새로 작업한 것이다. 분도출판사 선지훈 사장 신부님과 편집진에게 이 자리를 빌려 감사드린다. 원고가 너무 늦어 죄송하다는 말과 함께.

2007년 1월
저자

위격 89 130 134 165-6
이성 22 44 66 70 86 103 106-9 129
    132-3 135 162-3 167

자격을 갖춤 19
장소 19 80 83 148 164-6
정신 20-1 24 26-7 29 44-5 61 88 91-2
    109-11 113 121 130 144 149 165
    167-8 172
정지 19 26 172
정화 30 40 47
조명 30
존재 24 26-9 39-40 43-5 47 66 69 79
    82-4 86-8 106 128 130 134 142
    148 162-8 172-3 175 177-8
존재자 19 22 26
지복 129 132 165-6 169
지혜 26-7 29 41 90 128 141-7 159 172
질 19

차이성 133-8
체류/머무름 20 24 56
침묵 30 108 111 151 153 159-61 167
    173 176

피조물 76 78 83-4 111 125 129 133-5
    141 145 163 166 168 172 176-8

하나 11-2 19-24 26-31 35-6 42 44 47
    56-7 59-60 62-3 67 69-72 74-7 79-
    81 84-5 87-9 97 106 108-12 116
    121 124-9 131-2 134-5 137-9 145
    147 149 157 165-6 168 171-3 175
    177-8

정달용(요셉) 신부

1939년 대구에서 태어나 가톨릭대학 신학부와 오스트리아 그라츠 대학 신학과에서 공부한 후 1967년 천주교 대구대교구 사제로 수품받았다. 1967년부터 대구 계산동 주교좌 성당 보좌신부, 오스트리아 잘츠부르크 한인 센터 지도신부로 사목하다가 1971년부터 1975년까지 독일 프라이부르크 대학에서 베른하르트 벨테 교수의 지도로 철학을 공부했다. 귀국 후 1986년까지 광주가톨릭대학 교수, 1987년부터 대구가톨릭대학 교수를 역임하면서 도서관장직을 비롯한 여러 보직을 두루 수행했다. 1994년 한국 중세철학연구소 창립을 주도하여 1998년 제2대 연구소장직을 맡았다. 2003년 한국 중세철학회 창립과 더불어 초대 회장으로 추대되었다. 1995년부터 대구가톨릭대학교 인문대학 철학과 교수로 봉직하다가 2004년 정년 퇴임했다. 「중세의 여성 신비가」「니콜라우스 쿠사누스의 '신론'」「마르셀과 하이데거」「철학적 해석학」「현대철학에 있어서 신의 문제」「학문과 방법론」외, 다수의 연구 논문과 『그리스도교 철학』 등의 저서가 있다.